쉽게
배우는
중국어
입문

쉽게 배우는
중국어 입문

1판 1쇄 펴낸날_2001년 3월 1일
3판 1쇄 펴낸날_2011년 2월 25일
3판 3쇄 펴낸날_2013년 3월 15일

지은이 _ 허성도
펴낸이 _ 이보환
펴낸곳 _ 도서출판 사람과책
등록 _ 1994년 4월 20일 (제16-878호)

주소 _ 135-907 서울시 강남구 역삼1동 605-10 세계빌딩 5층
전화 _ (02)556-1612~4
팩스 _ (02)556-6842
홈페이지 _ www.mannbook.com
이메일 _ man4book@gmail.com

※ 저자와의 협의로 인지를 생략합니다.
※ 잘못된 책은 바꾸어 드립니다.
※ 값은 뒤표지에 있습니다.

ISBN 978-89-8117-127-8 13720

쉽게 배우는 중국어 입문

허성도 지음

사람과 책

머리말

1 이 교재의 편찬 목적

1.1 이 책은 대학의 교양 중국어 교재용으로 편찬되었다. 현재 대학의 교양 중국어 교육은 일주일에 3시간씩, 한 학기에 16주 가량 교육할 수 있게 되어있다. 그러나 중간 시험, 기말 시험, 공휴일 등을 빼고나면 실제로 교육 가능한 기간은 12주 내지 13주 가량 된다. 이러한 정도의 시간으로 효과적인 교양 중국어 교육이 이루어지기는 어렵다. 그러므로 선진국의 대학에서는 학생들에게 많은 시간 스스로 공부하기를 요구하고 있다. 예를 들면, 미국의 몇몇 대학에서는 중국인 교수를 상당수 확보해놓고, 학생들에게 발음을 담당하는 중국인 교수를 찾아가 발음에 관한 시험을 별도로 보게 하며, 작문을 담당하는 중국인 교수에게 가서 역시 작문 시험을 별도로 보게 한다. 이러한 시험은 학생이 시험을 칠 자신이 있을 때 언제나 칠 수 있으며, 이런 시험에 합격한 학생들에게만 교양 중국어 과목의 정식 기말 시험을 치를 자격이 주어진다. 그러므로 학생들은 스스로 공부하는 시간을 늘리지 않을 수 없다. 그러나 우리나라 대학에서는 원어민 교수를 충분히 확보하고 있지도 않으며, 학생들이 스스로 공부하는 시간도 절대적으로 부족하다. 이러한 상태로는 효과적인 교양 중국어 교육을 할 수 없다. 원어민 교수를 충분히 확보하지 못하는 것은 경제적 사안이므로 그렇다 치더라도, 학생들이 스스로 공부하는 시간은 늘릴 수 있어야 한다. 지금까지 학생들이 스스로 공부하는 시간을 늘리지 않은 것은 자습이 불가능하게 구성된 현행의 교재와도 관련이 있다고 본다. 중국어 교재는 이제 학생들이 스스로 자습할 수 있도록 새롭게 구성될 필요가 있다. 이 교재는 이러한 필요성에 따라 새로운 체재로 구성되었다.

1.2 우리나라 외국어 교육의 폐단은 영어에서 확연하게 드러난다. 수많은 시간을 투자했음에도 불구하고 우리는 영어를 듣거나 말하거나 쓰지 못한다. 영어 교육의 이러한 폐단은, 너무 어렵고 많은 내용을 가르치는 데에서 나온다. 여기에는 익힘의 과정이 생략되

어 있다. 익혀지지 않은 외국어 지식은 실제 상황에서 사용될 수 없으며 응용될 수도 없는 지식이다. 이러한 이유로 이 책은 한 과의 분량을 줄였으며, 그 핵심적인 내용을 반복하여 익힐 수 있도록 구성하였다.

2 이 교재의 강의 및 이용 방법

2.1 이 교재는 음성편과 23과의 학습편으로 구성되어 있으며, 각 과는 다시 〈본문(本文)〉, 〈응용표현〉, 〈자습사항〉, 〈자습문제〉로 구성되어 있다. 모든 내용에는 중국어 발음과 우리말 번역이 제시되어 있다. 〈본문(本文)〉의 이해에 필요한 단어의 뜻도 제시되어 있다. 이는 학생들의 자습을 돕기 위한 것이다.

〈본문(本文)〉은 거의 모두 6~8 줄의 주고받는 말로 구성되어 있다. 강의 시간의 대부분은 이 본문을 반복하여 읽고, 응용하고, 학생들끼리 말을 주고받는 데에 사용되면 좋을 것이다. 번역은 모두 주어져 있으므로 강의할 필요가 없다. 〈응용표현〉은 〈본문(本文)〉에 나오는 어휘의 사용법이나 어법적 사항 등을 더 자세히 익히고자 하는 경우에 도움이 되도록 구성되어 있다. 그러므로 〈본문(本文)〉을 보다가 특정 부분의 상세한 응용법을 알고자 한다면 〈응용표현〉을 살펴볼 필요가 있다. 〈자습사항〉은 〈본문(本文)〉과 〈응용표현〉에 나오는 발음, 어휘, 어법, 응용에 대하여 설명한 것이다. 그러나 〈응용표현〉과 〈자습사항〉은 어디까지나 학생들이 보아야할 부분이므로 강의의 대상으로 삼을 필요는 없다.

2.2 학생들은 예습을 통하여 이 책의 〈본문(本文)〉을 익혀야 한다. 〈본문(本文)〉에는 단어, 발음, 번역이 주어져 있으므로 강의를 듣기 이전에 내용의 상당 부분을 먼저 이해할 수 있을 것이다. 〈본문(本文)〉에 대한 응용력을 기르기 위해서는 〈응용표현〉을 보면 도움이 될 것이며, 이에 대한 어법적 설명이 필요한 경우에는 〈자습사항〉을 참고하면 좋을 것이다. 이러한 과정을 통하여 학생은 수업 이전에 충분한 예습을 할 수 있을 것이다. 이렇게 되면 강의는 설명이 미흡한 부분에 대한 질문과 토론, 그리고 본문의 연습과 익히기를 위주로 진행될 수 있을 것이다. 이 책의 목표는 학생들이 〈본문(本文)〉을 충분히 이해하고 익혀서 언제나 입 밖으로 나올 수 있게 하려는 것이다. 이를 위해서는 한 문장을 200번 이상 듣고, 200번 이상 읽어야 한다.

허 성 도   삼가 씀

차례

음 성 편

음 성 편

외국어를 배우기 시작할 때는 정확한 발음을 익히는 것이 대단히 중요하다. 발음
은 오직 수많은 반복 연습에 의해서만 터득된다. 실제 상황에서의 발음은 각 단
원에서 훈련하기로 하고 여기에서는 하나하나의 발음을 살펴보자.

1 중국어의 운모(韵母)

중국어의 운모(韵母)에는 단운모(单韵母), 복운모(复韵母), 결합운모(结合韵母)의 세 종
류가 있다.

1.1 단운모(单韵母)

단운모(单韵母)란 단모음을 말한다. 단모음은, 소리를 내기 시작하여 소리가 끝날 때까
지 입을 벌린 정도, 혀의 위치, 입술의 모양이 변하지 않는 모음이다. 단운모(单韵母)에는
a, e, i, o, u, ü의 여섯 종류가 있다.

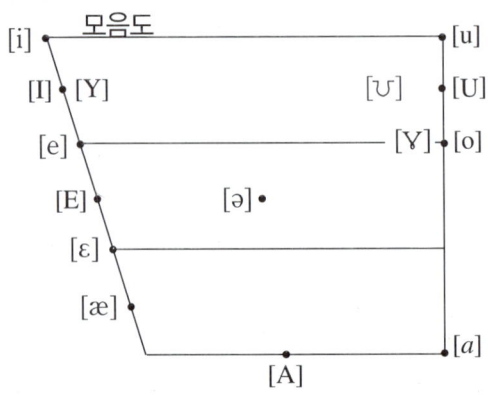

1.1.1 'a'

이 음은 입을 많이 벌린 상태에서 나오는 우리말 '아' 발음이다. 이 음이 우리에게는 가장 어렵다. 이 음이 어려운 이유는 우리가 우리말 '아'를 발음할 때 입을 크게 벌리지 않고 발음하는 습관이 있기 때문이다. 윗니와 아랫니 사이를 많이 벌린 상태에서, 혀끝을 아랫니 뒤편에 고정시키고 'a'를 발음하면 전설모음(前舌母音) 'a', 혀끝을 아래 잇몸의 하부에 고정시키고 'a'를 발음하면 중설모음(中舌母音) 'A', 그리고 혀끝을 아래 잇몸의 아래쪽에 있는 연육(軟肉)에 대고 'a'를 발음하면 후설모음(后舌母音) 'ɑ'가 된다.

1.1.2 'e'

이 음은 [e], [ɛ], [ɤ], [ə]의 네 가지로 발음된다. 그러나 중국어에서는 이들 네 가지 음을 모두 'e'로 표기한다. 이는 'e'가 단독의 모음으로 쓰이는가, 그 자신의 앞뒤에 다른 모음이 오는가, 혹은 경성(轻声)인가 아닌가에 따라 발음의 종류가 선명하게 구분되어 혼란의 여지가 없기 때문이다. 이제 각각의 경우를 살펴보기로 하자.

[e] : 'i'와 결합하여 'ei'가 되는 경우의 발음이다. 윗니와 아랫니 사이를 1㎝ 이상 벌리고 입술을 평평하게 한 다음 혀의 앞부분에서 우리말 '에'를 발음하면 된다. 혀의 앞부분에서 발음하기 위해서는 혀끝을 아랫니의 뒷편에 약간 미는 듯이 붙이고 있어야 한다.

[ɛ] : [e]를 발음할 때보다 윗니와 아랫니 사이를 더 벌린다. 혀의 앞부분에서 소리가 나야 하므로 혀끝은 아랫니의 뒤편에 미는 듯이 붙인 상태에서 우리말 '에'를 발음한다. 이 음은 'üe'나 'ie'와 같이 'e'가 'ü'나 'i'의 다음에 오는 경우에 발음된다.

[ɤ] : 우리말 '으어'를 발음하되, '으'를 순간적으로 짧게 내고, 이어서 우리말 '어'를 길고 정확하게 발음한다. 우리말 '어'를 정확하게 발음하기 위해서는 윗니와 아랫니 사이를 1㎝ 이상 벌리고 발음해야 한다. 이 음은 'ge'나 'le'의 'e'와 같이 'e'가 단독의 모음으로 쓰이는 경우에 발음된다.

[ə] : 'o'외 [ɛ]를 발음할 때의 중간쯤 입을 벌리고, 혀의 중간 부분에서 우리말 '어'를 발음한다. 혀의 중간 부분에서 발음하므로 혀끝은 아래 잇몸 하부에 붙여야 한다. 입술은 평평하게 한다. 'e'가 'n, ng'과 결합하여 'en, eng'으로 쓰이는 경우와 경성(轻声)으로 쓰이는 경우의 음이다.

1.1.3 'i'

이 음을 발음할 때, 입술은 평평하며 약간 힘이 들어간 상태를 유지하고 혀끝은 아랫니의 뒤쪽에 댄다. 혓바닥에도 약간은 힘이 들어가 있는 것이 좋다. 이 음은 우리말 '이'와 같은 입모양을 취하지만 우리말 '이' 보다 훨씬 **정확하고 강하게** 발음해야 한다는 점이 다르다. 우리말 '이' 는 실제적으로는 대단히 약하게 발음되므로 중국어 'i' 를 우리말의 '이' 와 동일하게 생각해서는 안된다.

1.1.4 'o'

윗니와 아랫니 사이를 최소한 1.5㎝ 이상 벌리고, 우리말 '오' 를 발음하면 된다. 이렇게 하면 혀뿌리는 자연히 절반쯤 올라가고, 입술은 둥글게 되며, 혀가 뒤쪽으로 당겨지기 때문에 혀끝은 자연히 아래턱의 연육(軟肉) 위에 놓일 것이다.

1.1.5 'u'

이 음은 우리말 '우' 와는 다르다. 우리말 '우' 를 발음해 보면 혀뿌리가 거의 입천장에 닿는다. 그러나 중국어 'u' 는 혀뿌리를 그보다 약간 내려놓고 발음해야 한다. 또한 우리말 '우' 를 발음할 때, 혀가 입천장과 아래턱의 중간 위치에 있지만 중국어 'u' 를 발음할 때는 그보다 혀 전체가 훨씬 내려와 있어야 한다. 처음 연습할 때는 혀 전체를 입의 아래쪽에 붙이는 것이 좋다. 이렇게 하면 혀끝은 자연히 아래 잇몸 아래쪽의 말랑말랑한 연육(軟肉) 위에 와있게 된다. 따라서 입안의 공간은 상당히 넓어진다. 이 음은 이렇게 마련된 공간을 울리며 입 밖으로 나오게 되므로, 이를 발음할 때는 공기가 입안에서 울린다는 느낌이 들어야 한다. 이 설명이 어렵다고 생각되면 입안을 우리말 '오' 를 발음하는 한 상태로 만들어 놓고, 그 상태에서 '우' 를 발음해도 된다. 다만 우리말 '오' 를 정확하게 발음해야 한다. 'u' 는 'wǔ' 나 'shū' 와 같이 단독으로 사용되거나, 'uo, ui' 와 같이 다른 모음의 앞에 있는 경우에는 위에 설명한대로 'u' 로 발음되지만 다른 모음의 뒤에 올 때는 [ʊ]로 발음된다.

1.1.6 'ü'

'i' 를 발음하면서 윗니와 아랫니 사이를 조금씩 벌려 보자. 윗니와 아랫니 사이를 벌릴수록 'i' 음은 점점 '에' 음과 비슷해지지만 아직 '에' 는 아니다. 이 상태에서 입술에 힘을 주고 동그랗게 모아보자. 이 위치에서 공기를 약간 강하게 내뿜어 나오는 음이 'ü' 이다. 이 경우에 동그랗게 된 입술에는 탱탱하다는 느낌을 줄만큼 힘이 주어져 있어야 한다. 이렇게 되면 혀에도 자연히 약간의 힘이 주어지게 된다. 이 발음을 끝내기 전에 오므린 입술 모양을 변형시켜서는 안되며, 일단 발음을 끝낸 다음에 입술 모양을 풀어야 한다.

1.2 복운모(复韵母)

복모음을 말한다. 복모음은, 외형상 두 개의 모음으로 결합되어 있지만 두 개의 모음 가운데 하나는 아주 약하게 발음되기 때문에 사실은 거의 하나의 모음처럼 인식된다.

중국어에는 'ai, ao, ei, ou' 와 같은 4개의 복운모(复韵母)가 있다.

1.2.1 'ai'

'a' 와 'i' 의 결합이다. 그러나 'i' 는 아주 약하게 발음된다. 이 'a' 는 본래의 'a' 보다 훨씬 혀의 앞부분에서 발음된다. 다시 말하면 이 경우의 'a' 는 전설모음(前舌母音)이다. 전설모음 'a' 를 발음할 때는 입을 충분히 벌려 주면서 혀끝은 아랫니의 뒤쪽에 밀착시켜야 한다.

1.2.2 'ao'

'a' 와 'o' 의 결합이다. 그러나 'o' 는 아주 약하게 발음되며, 'a' 는 'o' 의 영향을 받아 중설(中舌)과 후설(后舌) 사이에서 발음된다. 'a' 가 길고 강하며 'o' 는 그것을 발음하기 위한 입술 모양을 취하는 것으로 발음을 끝내야 한다.

1.2.3 'ou'

'o' 와 'u' 의 결합이다. 그러나 'u' 는 아주 약하게 발음된다. 'o' 는 실제로는 중설음(中舌音)인 [ə]로 발음한다. 이 경우에 [ə]를 약간 강하고 길게 소리내야 하며, 'u' 는 그 발음을 내는 입술 모양을 취하는 것으로 발음을 끝내야 한다. 이 경우의 'u' 음을 [ʊ]로 표시한다.

1.2.4 'ei'

'e' 와 'i' 의 결합이다. 'e' 가 길고 강하며 'i' 는 아주 약하게 발음된다.

1.3 결합운모(结合韵母)

결합운모(结合韵母)란 결합모음을 말한다. 위에서 설명한 복모음이 실제적으로는 하나의 모음처럼 발음되는 것과 달리 결합운모는 각각의 모음이 독립적으로 정확하게 발음되어야 한다. 그러나 이 경우에도 강세가 주어지는 음과 그렇지 않은 음이 있다. 강세가 주어지는 음을 주요모음이라고 한다. 주요모음이란 두 개 혹은 세 개의 모음 가운데 입을 더 크게 벌린 상태에서 발음되는 음을 말한다. 결합운모에는 두 개의 운모로 구성된 이중운모(二重韵母)와 세 개의 운모로 구성된 삼중운모(三重韵母)가 있다.

1.3.1 이중운모(二重韵母)

중국어에는 'ia, ie, ua, uo, üe' 와 같은 5개의 이중운모(二重韵母)가 있다.

1.3.1.1 'ia'

'i' 를 정확히 발음한 다음 'a' 를 발음한다. 주요모음 'a' 에 강세가 있다. 'ia' 는 우리말 'ㅑ'와 다르다는 점에 유의하자. 우리말 '야자수'를 발음해보면 'ㅑ'음의 'ㅣ'부분은 대단히 약하게 발음되어 거의 들리지 않는다. 그러나 'ia' 의 'i' 는 앞에서 설명한 대로 정확하게 발음되어야 한다. 다만 그 음의 길이가 주요모음인 'a' 보다 짧을 뿐이다.

1.3.1.2 'ie'

'i' 를 정확히 발음한 다음 'e' 를 발음한다. 주요모음 'e' 에 강세가 있다. 'ie' 는 우리말 'ㅖ'와 다르다는 점에 유의하자. 우리말 '예절'를 발음해보면 'ㅖ'음의 'ㅣ'는 대단히 약하게 발음되어 거의 들리지 않는다. 그러나 'ie' 의 'i' 는 앞에서 설명한 대로 정확하게 발음되어야 한다. 다만 그 음의 길이가 주요모음인 'e' 보다 짧을 뿐이다.

1.3.1.3 'ua'

'u' 를 발음한 다음 'a' 를 발음한다. 주요모음 'a' 에 강세가 있다. 'ua' 는 우리말 'ㅘ'와 다르다는 점에 유의하자. 우리말 '기와'를 발음해보면 'ㅘ'음의 'ㅜ'는 대단히 약하게 발음된다. 그러나 'ua' 의 'u' 는 앞에서 설명한 대로 정확하게 발음되어야 한다. 다만 그 음의 길이가 주요모음인 'a' 보다 짧을 뿐이다.

1.3.1.4 'uo'

'u' 를 발음한 다음 'o' 를 발음한다. 주요모음 'o' 에 강세가 있다. 'o' 는 실제로는 [ə]로 발음된다. 'uo' 는 우리말 'ㅝ'와 다르다는 점에 유의하자. 우리말 '워워'를 발음해보면 'ㅝ'음의 'ㅜ'는 대단히 약하게 발음된다. 그러나 'uo' 의 'u' 는 앞에서 설명한 대로 대단히 정확하게 발음되어야 한다. 다만 그 음의 길이가 주요모음인 'o' 보다 짧을 뿐이다.

1.3.1.5 'üe'

'ü' 를 발음한 다음 'e' 를 발음한다. 주요모음 'e' 에 강세가 있다. 이 발음을 잘하기 위해서는 이 발음이 끝날 때 윗니와 아랫니 사이가 충분히 벌어져 있는가를 확인해야 한다.

1.3.2 삼중운모(三重韵母)

중국어에는 'iao, iou, uai, uei'와 같은 4개의 삼중운모(三重韵母)가 있다.

1.3.2.1 'iao'

'i'와 'ao'의 결합이다. 강세는 'a'에 있다.

1.3.2.2 'iou'

'i'와 'ou'의 결합이다. 'u'는 실제로는 [U]로 발음된다. 강세는 'o'에 있다. 'o'는 실제로는 [ə]에 가깝게 발음된다.

1.3.2.3 'uai'

'u'와 'ai'의 결합이다. 강세는 'a'에 있다.

1.3.2.4 'uei'

'u'와 'ei'의 결합이다. 강세는 'e'에 있다. 'uei'를 표기할 때는 'ui'로 한다. 이는 'ui'로만 표기하여 발음할지라도, 실제적으로는 'uei'로 소리나기 때문이다.

1.3.3 대비음운모(帶鼻音韵母)

단운모나 이중운모가 비음(鼻音) 'n, ng'과 결합된 음을 대비음운모(帶鼻音韵母)라고 한다.

'n' 대비음운모 : an, en, ün, in, uan, uen, üan, ian
'ng' 대비음운모 : ang, ong, eng, ing, uang, ueng, iang, iong

1.3.3.1 'an'

'a'에서 발음을 시작하여 'n'에서 끝난다. 이 때의 'a'는 전설모음(前舌母音)이다. 강세는 'a'에 있으며, 'n'은 짧게 발음한다.

1.3.3.2 'en'

'e'에서 발음을 시작하여 'n'에서 끝난다. 강세는 'e'에 있으며, 'n'은 짧게 발음한다.

1.3.3.3 'ün'

'ü' 에서 발음을 시작하여 'n' 에서 끝난다. 강세는 'ü' 에 있으며, 'n' 은 짧게 발음한다.

1.3.3.4 'in'

'i' 에서 발음을 시작하여 'n' 에서 끝난다. 강세는 'i' 에 있으며, 'n' 은 짧게 발음한다.

1.3.3.5 'uan'

'u' 에서 발음을 시작하여 'an' 에서 끝난다. 강세는 'a' 에 있다.

1.3.3.6 'uen'

'u' 에서 발음을 시작하여 'en' 에서 끝난다. 강세는 'e' 에 있다. 다른 자음과 결합하였을 때는 '자음+un'으로 표기한다. 자음이 앞에 오면 'un' 으로만 표기하여도 실제로는 'uen' 으로 발음되기 때문이다.

1.3.3.7 'üan'

'ü' 에서 발음을 시작하여 'an' 에서 끝난다. 이 경우의 'a' 는 전설모음(前舌母音) 'a', 혹은 [æ]로 발음된다. [æ]를 발음할 때도 윗니와 아랫니 사이를 2㎝ 이상 벌려야 하며, 혀끝은 아랫니의 뒤쪽에 밀착시켜야 한다. 강세는 [æ]에 있다.

1.3.3.8 'ian'

'i' 에서 발음을 시작하여 'an' 에서 끝난다. 이 경우의 'a' 는 [æ] 혹은 [ɛ]로 발음된다. [ɛ] 혹은 [æ]를 발음할 때도 윗니와 아랫니 사이를 2㎝ 이상 벌려야 하며, 혀끝은 아랫니의 뒤쪽에 밀착시켜야 한다. 강세는 [ɛ] 혹은 [æ]에 있다.

1.3.3.9 'ang'

'a' 에서 시작하여 'ng' 에서 끝난다. 강세는 'a' 에 있다. 'ng' 은 혀뿌리를 여린 입천장으로 올려 붙여, 공기를 코안으로 통과하게 하여 발성되는 음이다. 'a' 는 후설모음(后舌母音)이다. 후설모음(后舌母音) 'a' 는 입을 최대한 벌리고 혀뿌리에서 우리말 '아' 를 발음한다. 이 발음을 하면서 'ng' 으로 이어가면 'ang' 이 발음된다. 이를 발음할 때는, 발음이 끝날 때까지 'a' 를 발음하는 상태로 입을 벌리고 있어야 하며, 발음하는 도중에 입을 다물어서는 안된다는 점에 주의하여야 한다. 다시 말하면 'a' 발음을 할 때 벌린 입의

열린 상태를 그대로 유지하며 혀뿌리만 올려서 'ng' 을 발음해야 한다.

1.3.3.10 'ong'

'o' 에서 시작하여 'ng' 에서 끝난다. 강세는 'o' 에 있다. 'o' 는 실제로는 [ʊ]로 소리난다. 발음이 끝날 때까지 'o' 를 발음하는 상태로 입을 벌리고 있어야 하며, 그 상태를 유지한 채로 혀뿌리만 올려서 'ng' 을 발음해야 한다.

1.3.3.11 'eng'

'e' 에서 시작하여 'ng' 에서 끝난다. 강세는 'e' 에 있다. 발음이 끝날 때까지 'e' 를 발음하는 상태로 입을 벌리고 있어야 하며, 그 상태를 유지한 채로 혀뿌리만 올려서 'ng' 을 발음해야 한다.

1.3.3.12 'ing'

'i' 에서 발음을 시작하여 'ng' 을 발음한다. 강세는 'i' 에 있다. 발음이 끝날 때까지 'i' 를 발음하는 상태로 입을 열고 있어야 하며, 그 상태를 유지한 채로 혀뿌리만 움직여서 'ng' 을 발음해야 한다.

1.3.3.13 'uang'

'u' 에서 발음을 시작하여 'ang' 에서 끝난다. 강세는 'a' 에 있다. 'u' 는 비록 짧게 소리나지만 정확하고 약간 강하게 발음해야 한다.

1.3.3.14 'ueng'

'u' 에서 시작하여 'eng' 에서 끝난다. 강세는 'e' 에 있다. 'u' 는 비록 짧게 소리나지만 정확하고 약간 강하게 발음해야 한다.

1.3.3.15 'iang'

'i' 에서 발음을 시작하여 'ang' 에서 끝난다. 강세는 'a' 에 있다. 'i' 는 비록 짧게 소리나지만 정확하고 약간 강하게 발음해야 한다.

1.3.3.16 'iong'

'i' 에서 시작하여 'ong' 에서 끝난다. 강세는 'o' 에 있다. 이 경우의 'o' 도 실제로는 [ʊ]로 소리난다. 'i' 는 비록 짧게 소리나지만 정확하고 약간 강하게 발음해야 한다.

1.3.4 권설운모(卷舌韵母)

권설운모(卷舌韵母)란, 혀끝을 위로 추켜 세워서 영어의 'r' 발음을 내는 것을 말한다. 혀끝을 위로 추켜 세우기는 하지만 혀끝이 입천장에 닿으면 안된다. 'er' 하나가 이에 속한다.

1.4 사호(四呼)

지금까지 중국어의 모음을 단운모(单韵母), 복운모(复韵母), 결합운모(结合韵母), 대비음운모(带鼻音韵母), 권설운모(卷舌韵母)로 나누어 설명해왔다. 그러나 이러한 분류 이외에 이들을 개구호(开口呼), 제치호(齐齿呼), 합구호(合口呼), 촬구호(撮口呼)의 네가지로 분류하기도 한다. 이 네 가지를 사호(四呼)라고 한다.

개구호(开口呼)는 입을 벌린 상태에서 발성되는 음이라는 뜻이다. 단독의 'a, e, o'와 'a, e, o'로 시작되는 모든 운모(韵母)가 이에 속한다.

제치호(齐齿呼)는 이를 가지런히 한 상태에서 발성되는 음이라는 뜻이다. 'i' 자신과 'i'로 시작되는 모든 운모(韵母)가 이에 속한다.

합구호(合口呼)는 두 입술을 둥그렇게 모은 상태에서 발성되는 음이라는 뜻이다. 'u' 자신과 'u'로 시작되는 모든 운모(韵母)가 이에 속한다.

촬구호(撮口呼)는 입술을 앞쪽으로 힘껏 밀어낸 상태에서 발성되는 음이라는 뜻이다. 'ü' 자신과 'ü'로 시작되는 모든 운모(韵母)가 이에 속한다.

2 중국어의 성모(声母)

중국어의 성모(声母)는 우리말의 자음과 같다. 자음이란 폐를 출발한 공기가 입술이나 혀 등에 의하여 장애를 받을 때 나는 소리를 말한다. 예를 들어 우리말 'ㄱ'을 발음해보자. 혀의 뒷부분이 여린 입천장에 닿았다가 떨어지는 순간에 이 소리가 난다는 것을 알 수 있다. 이와 같이 입안의 어떤 부분이 닿았다가 떨어지는 순간에 나는 소리, 어떤 부분이 서로 닿은 상태에서 나는 소리, 어느 두 부분이 거의 닿을 듯이 좁혀진 공간을 통하여 강한 마찰을 일으키며 나는 소리 등을 자음이라고 한다. 자음은 소리나는 위치에 따라 분류할 수도 있으며, 소리내는 방법에 따라 분류할 수도 있다.

2.1 소리를 내는 위치에 의한 분류

이에는 쌍순음, 순치음, 설치음, 설첨음, 설첨후음, 설면음, 설근음이 있다.

2.1.1 쌍순음(双唇音)

쌍순음은 두 입술에서 나는 소리이다. 다음과 같은 발음이 쌍순음에 속한다.

2.1.1.1 'b'

두 입술을 붙였다가 떼면서 내는 음이다. 우리말 'ㅂ'과 'ㅃ'의 중간쯤 되는 소리이다.

2.1.1.2 'p'

'b'를 발음하면서 공기를 강하게 내뿜을 때 나는 음이다. 우리말 'ㅍ'과 같다.

2.1.1.3 'm'

두 입술을 붙인 상태에서 코로 내는 음이다. 우리말 'ㅁ'과 같은 음이다.

bo	po	mo
ba	pa	ma
bu	pu	mu
bei	pei	mei
ben	pen	men
bang	pang	mang
beng	peng	meng

2.1.2 순치음(唇齒音)

순치음은 공기가 아랫 입술과 윗니 사이를 통과하면서 내는 음이다. 다음과 같은 발음이 순치음에 속한다.

2.1.2.1 'f'

아랫 입술에 윗니를 가볍게 대는 듯한 상태에서 나는 음이다. 영어의 'f'음과 같다.

fa	fei	fang
fu	fen	feng

2.1.3 설치음(舌齒音)

설치음은 혀끝과 이의 장애를 받아 나는 소리이다. 이들이 혀끝에서 소리 난다는 점을 강조하여 설첨전음(舌尖前音)이라고도 한다.

2.1.3.1 'z'

윗니와 아랫니를 가능한 한 일직선이 되게 붙이고, 혀끝을 윗니와 아랫니가 맞닿은 부분에 대었다 떼면서 우리말 'ㅉ'를 강하게 발음할 때 나는 음이다. 혀끝을 윗니와 아랫니가 맞닿은 부분에 대면 혀의 두께 때문에 실제적으로는 혀끝의 앞부분이 윗니 뒤쪽의 오목한 부분에 닿게 된다. 혀에는 약간의 힘이 들어가 있어야 한다.

2.1.3.2 'c'

'z'를 발음하는 상태에서 공기를 강하게 통과시켜 우리말 'ㅊ'을 발음할 때 나는 소리이다.

2.1.3.3 's'

'z'를 발음하는 상태에서 혀를 안쪽으로 약간 당기면 이와 혀끝 사이에 아주 좁은 공간이 생긴다. 이 공간으로 공기를 강하게 뿜어내면서 우리말 'ㅆ'를 발음해보자. 이 때 나오는 음이 's'이다. 이 경우의 공간은 좁을수록 좋으며, 공기를 강하게 내뿜을수록 정확한 발음이 된다. 그러나 혀끝이 이에 닿아서는 안된다.

zi	ci	si
za	ca	sa
ze	ce	se
zu	cu	su
zou	cou	sou
zang	cang	sang
zuan	cuan	suan

2.1.4 설첨음(舌尖音)

설첨음은 혀의 앞부분과 윗잇몸의 장애를 받아 나는 소리이다.

2.1.4.1 'ɗ'

혀를 수저 모양으로 오목하게 만들고, 혀의 가장자리 전체를 윗잇몸에 강하게 밀착시킨다. 이렇게 되면 폐에서 나온 공기는 입천장과 혀 사이에 완전히 갇히게 된다. 이 상태에서 혀를 앞부분부터 떼면서 우리말 'ㄷ'과 'ㄸ'의 중간음을 발음해보자. 이 때 나는 소리가 'ɗ'이다. 혀의 가장자리에는 약간의 힘이 들어가 있어야 한다.

2.1.4.2 'ť'

'ɗ'를 발음할 때와 동일한 상태에서 공기를 강하게 내뿜으며 우리말 'ㅌ'를 발음할 때 나는 소리이다.

2.1.4.3 'n'

'ɗ'를 발음할 때와 동일한 상태에서 우리말 'ㄴ'을 발음할 때 나오는 소리이다. 이를 발음할 때 혀의 가장자리 전체를 윗잇몸에 강하게 밀착시켜야 한다는 점을 잊어서는 안 된다. 만약 혀의 앞부분만을 윗잇몸에 밀착시키고 발음하면 중국인은 이 발음을 'l'로 듣는다는 점에 유의해야 한다.

2.1.4.4 'l'

혀끝을 세워서 윗잇몸에 밀착시키고, 혀의 중간 이후 부분은 윗잇몸에 붙이지 않는다. 이 상태에서 공기를 내뿜으면 공기는 혀의 양쪽 옆부분으로 빠져나갈 것이다. 이러한 상태로 우리말 'ㄹ'을 발음한다. 윗잇몸에 혀끝을 충분히 넓게 붙여야 한다는 점에 유의하자.

de	te	ne	le
da	ta	na	la
dai	tai	nai	lai
dang	tang	nang	lang
du	tu	nu	lu
dou	tou	nü	lü
duan	tuan	nuan	luan

2.1.5 설첨후음(舌尖后音)

설첨후음은 혀끝의 밑부분과 입천장의 장애를 받아 나는 소리이다.

2.1.5.1 'zh'

혀끝과 혀의 양쪽을 깊이 파인 수저 모양으로 말아 올리고, 혀의 가장자리 전체를 윗잇몸의 안쪽 입천장에 밀착시킨다. 혀끝의 밀착부분은 가능한 한 입천장의 안쪽, 즉 목구멍에 가까울수록 좋다. 이렇게 되면 폐에서 나온 공기는 혀의 안쪽의 공간에 갇힌다. 이 상태에서 혀끝으로 입천장을 긁어내리며, 혀끝에 원형의 구멍을 만들고 우리말 'ㅈ'을 발음한다. 혀끝의 구멍은 작을수록 좋다. 입안의 공기는 원형으로 된 혀끝의 작은 구멍을 통하여 밖으로 나간다.

2.1.5.2 'ch'

'zh'와 동일한 상태에서 공기를 강하게 내뿜으며 우리말 'ㅊ'을 발음한다.

2.1.5.3 'sh'

'zh'와 동일한 혀 모양을 하되, 혀끝 부분만을 입천장에서 약간 떼고 그 사이로 우리말 'ㅅ'을 낸다. 공기는 좁은 혀끝의 좁은 구멍을 통하여 밖으로 나간다.

2.1.5.4 'r'

'sh'와 동일한 형태에서 우리말 'ㄹ'을 발음한다. 이 음은 유성음이다. 따라서 이 음이 발성되기 이전에 성대가 울리고 있도록 연습해야 한다.

zhi	chi	shi	ri
zhu	chu	shu	ru
zhou	chou	shou	rou
zhuan	chuan	shuan	ruan
zhang	chang	shang	rang

2.1.6 설면음(舌面音)

설면음은 혀 중간 부분의 설면(舌面)과 입천장 사이에서 발음된다.

2.1.6.1 'j'

혀끝을 아랫니 뒤쪽에 붙이고, 설면을 평평하게 만들어 경구개에 붙였다가 떨어지는 순간에 우리말 'ㅈ'을 발음한다. 입천장에 닿는 설면의 면적이 넓을수록 정확한 발음이 나온다.

2.1.6.2 'q'

'j'와 동일한 상태에서 공기를 아주 강하게 내뿜어 우리말 'ㅊ'을 발음한다. 입천장에 닿는 설면의 면적이 넓을수록 정확한 발음이 나온다.

2.1.6.3 'x'

'j'와 동일한 상태를 취하되, 혓바닥을 입천장에 붙이지 않고 다만 근접시켜서 입천장과 혓바닥 사이에 아주 작은 공간을 만든 다음 그 공간으로 우리말 'ㅅ'을 발음한다. 입천장과 마주하는 설면의 면적이 넓을수록 정확한 발음이 나온다.

ji	qi	xi
jia	qia	xia
jian	qian	xian
jiang	qiang	xiang
jie	qie	xie
juan	quan	xuan

2.1.7 설근음(舌根音)

설근음은 혀뿌리에서 발음된다.

2.1.7.1 'g'

혀뿌리를 들어올려 연구개에 대었다가 떼면서 우리말 'ㄲ'을 발음한다.

2.1.7.2 'k'

'g'와 동일한 상태에서 공기를 강하게 내뿜으며 우리말 'ㅋ'을 발음한다.

2.1.7.3 'h'

혀뿌리를 들어올려 연구개에 접근시켜 좁은 공간을 만들고, 그 공간을 통하여 우리말 'ㅎ'을 강하게 발음한다. 우리말의 'ㅎ'에는 두 가지 발음이 있다. 하나는 혀뿌리에서 소리나는 '하루'의 'ㅎ'이며, 다른 하나는 입술 부근에서 소리나는 '전화'의 'ㅎ'이다. 이 가운데에서 '하루'의 'ㅎ'이 중국어의 'h'와 같다.

ge	ke	he
ga	ka	ha

gai	kai	hai
gou	kou	hou
gu	ku	hu
guan	kuan	huan
gang	kang	hang

2.2 소리를 내는 방법에 의한 분류

이에는 색음, 찰음, 색찰음, 비음, 변음이 있다.

2.2.1 색음(塞音)

발음부위가 완전히 닫히고 공기가 그 안에 모여 있다가, 갑자기 발음부위가 열리면서 터져 나오는 음을 색음이라고 한다. 'b, p, d, t, g, k'가 이에 속한다. 따라서 이들을 발음할 때는 발음부위를 완전히 막았다가 터져나오는 느낌이 들도록 발음해야 한다.

2.2.2 찰음(擦音)

발음부위의 어떤 두 부분을 접근시켜서 좁은 틈을 만들고, 이 틈으로 공기를 통과시키면, 공기는 좁은 공간을 형성하는 부분과 마찰을 일으키게 된다. 이러한 방식으로 생기는 음을 찰음이라고 한다. 공기는 좁은 틈을 통과하면서 발음부위와 마찰되어야 하므로 마찰이 이루어지도록 강하게 공기를 내보내야 한다. 's, sh, r, x, h'가 이에 속한다.

2.2.3 색찰음(塞擦音)

발음부위의 어떤 두 부분을 완전히 막고 있다가, 어느 한 부분 혹은 전체부분을 천천히 떼면서 좁은 틈을 만들고, 그 사이로 공기를 보내 마찰시킬 때 나는 음을 색찰음이라고 한다. 'z, c, zh, ch, j, q'가 이에 속한다.

2.2.4 비음(鼻音)

혀뿌리를 올려 여린입천장을 막으면, 공기는 코 안을 지나 밖으로 나오게 되는데, 이 때 생기는 음을 비음이라고 한다. 'n, m, ng'이 이에 속한다.

2.2.5 변음(边音)

혀끝과 입천장의 한 부분이 닿아서 장애를 형성했을 때 공기가 혀의 양옆으로 돌아 나가며 생기는 음을 변음이라고 한다. 'l'가 이에 속한다.

이상의 다섯 가지 종류는 발음 방법에 따라 자음을 분류한 것이다. 그러나 발음 방법에 의한 분류는 이 이외에도 다음과 같은 두 가지가 더 있다.

2.3 탁음(浊音)과 청음(清音)

발음시에 성대를 울리는가의 여부에 따라 구분된다. 탁음은 성대를 울리는 음으로서 유성음(有声音)이라고도 한다. 중국어 자음에서는 'm, n, l, r'가 유성음이다. 청음은 성대를 울리지 않는 음으로서 무성음(无声音)이라고도 한다.

2.4 송기음(送气音)과 불송기음(不送气音)

발음시에 기류를 내뿜는 정도에 따라 구분된다. 송기음은 발음시에 기류를 강하게 내뿜는 음이다. 중국어에서는 'p, t, k, c, ch, q'가 이에 속한다. 불송기음은 발음시에 기류를 강하게 내뿜지 않는 음이다. 중국어에서는 'b, d, g, z, zh, j'가 이에 속한다. 송기음은 유기음(有气音), 불송기음은 무기음(无气音)이라고도 한다.

송기음과 불송기음으로 이루어진 다음의 쌍을 보자.

불송기음	송기음
b	p
d	t
g	k
z	c
zh	ch
j	q

이들 각각의 쌍은 발음 부위와 발음 방법이 동일하지만 발음시에 공기를 강하게 내뿜는가 아닌가에 따라 다른 음이 된다.

3 중국어의 성조(声调)

중국어에는 1성, 2성, 3성, 4성 그리고 경성(轻声)의 5가지 성조가 있다. 성조는 각각의 한자에 존재하는 고유한 억양이다. 중국어에서 성조는 의미를 구별해주는 중요한 요소이므로 반드시 정확히 이해해야 하며 충분히 연습하지 않으면 안된다. 중국어에서는 한자의 발음부호인 한어병음자모(汉语拼音字母)마다 성조를 표시한다. '1, 2, 3, 4'성은 각각 ' ̄, ´, ˇ, `' 와 같은 부호를 사용하여 각 음절의 주요모음 위에 표시한다. 주요모음은 입을 벌리는 정도, 즉 개구도(开口度)가 큰 순서대로 결정되며, 개구도가 같은 경우에는 혀의 앞쪽에서 발음되는 것일수록 주요모음이 된다. 이에 따라 'a', 'e', 'o', 'i/u' 의 순서로 주요모음이 된다. 다만 'iu' 나 'ui' 와 같이 'i, u' 가 동시에 나오는 경우에는 'iù' 나 'uì' 와 같이 뒤에 나오는 모음에 성조를 표시한다. 경성(轻声)은 성조표시를 하지 않는다.

성조를 이해하기 위하여 다음의 도표를 보자.

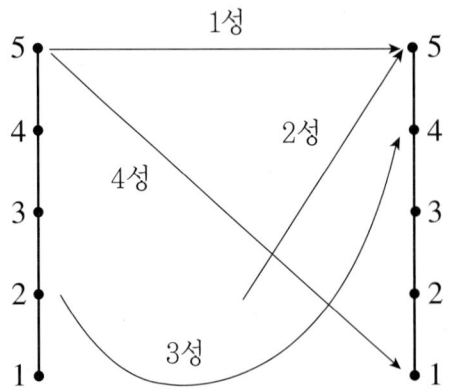

이 도표는 음의 높낮이를 편의상 5단계로 나누어, 가장 낮은 음을 1도, 가장 높은 음을 5도로 본 것이다. 경우에 따라서는 1도를 서양 악보의 '도', 2도를 '레', 3도를 '미', 4도를 '파', 5도를 '솔' 로 구분하기도 한다. 그러나 사람에 따라 음의 높낮이는 다르며, 같은 사람일지라도 감정이나 대화할 때의 분위기에 따라 음의 높낮이는 다르다. 따라서 이러한 분류는 상대적일 수밖에 없다. '상대적' 이라는 말은 자신의 가장 높은 음을 5도로 잡고, 상대적으로 그보다 낮은 단계를 4도, 상대적으로 4도보다 낮은 단계를 3도, 그리고 상대적으로 가장 낮은 단계를 1도로 설정한다는 뜻이다. 그러나 상대적이라고 하여 이 단계의 구분이 명확하지 않은 것은 절대로 아니다. 중국인들은 5단계를 명확하게 구분하며 다른 사람의 발음에서도 이를 또한 명확하게 구분해낸다. 이제 각각의 성조를 하나하나 살펴보기로 하자.

3.1 제1성(第一声)

이 성조는 5도에서 시작하여 5도에서 끝난다. 그러므로 이 발음이 계속되는 동안 줄곧 5도가 유지되어야 한다. 이를 나타내기 위하여 음의 흐름을 '55' 로 표시한다. 이 성조는 한국인이 배우기 가장 어려운 성조이다. 1성을 정확하게 발음하기 위해서는 일단 자신에게 가장 높다고 생각되는 음에서 시작하여 발음이 끝날 때까지 계속 일정한 힘을 가해 주어야 한다. 1성은 성조 가운데 가장 높은 음을 유지하는 것이므로 이를 정확하게 발음할 수 있어야만 나머지 성조를 익힐 수 있다.

bō	pō	mō	fō
dē	tē	nē	
gē	kē	hē	
jī	qī	xī	
zhī	chī	shī	
zī	cī	sī	

3.2 제2성(第二声)

2성은 '35'로 음의 흐름을 표시한다. 이는 3도에서 시작하여 5도에서 끝난다는 것을 뜻한다. 그러나 이 발음을 연습할 때는 '25'로 연습하는 것이 효과적이다. 2성은 2도에서 시작하여 자신의 가장 높은 음, 즉 5도까지 끌어 올려야 한다. 자신의 가장 높은 음은 가능한 한 자신이 낼 수 있는 가장 높은 음을 내도록 훈련해야 한다. 2-3도에서 5도로 끌어올리는 속도도 빨라야 한다. 이 속도가 너무 늦으면 3성과 유사하게 발음될 가능성이 있기 때문이다. 한국인의 경우 대부분은 자신의 가장 높은 음까지 올리지 않는 경향이 있으며 이것이 정확한 중국어를 배우지 못하는 이유가 된다는 점에 유의해야 한다.

bá	pá	má	fá
dú	tú	nú	lú
gé	ké	hé	
jí	qí	xí	
zhí	chí	shí	
zú	cú	sú	

3.3 제3성(第三声)

3성의 음의 흐름은 '214'로 표시한다. 3성은 음의 길이도 다른 성조에 비하여 길다. 따라서 실제로는 '2114' 정도로 발음해 주는 것이 좋다. 이 가운데 '11'에 해당하는 부분은 주요모음이다. 우리가 무엇보다 주의해야 할 것은 1도에 해당하는 음을 찾는 것이다. 1도는 반드시 성대를 건드리는 소리가 나야 한다. 예컨대 '很(hěn)'을 발음해보자. 이 발음은 'heeen'과 같은 음의 길이를 갖는다. 이 경우에 'en'을 발음하는 입모양을 취하되

'eee' 부분을 발음할 때 성대가 끓어오르는 소리가 나도록 해보자. 이 소리를 내기가 어려우면 성대 위에 있는 공기를 모두 내보낸다는 느낌이 들도록 하는 것도 좋은 방법이다. 3성은 대화에서는 전반성(前半声)만 발음하는 경우도 많은데 이 경우에도 반드시 성대를 건드리는 소리가 나야 한다.

bǔ	pǔ	mǔ	fǔ
dǔ	tǔ	nǔ	lǔ
gǔ	kǔ	hǔ	
jiǎn	qiǎn	xiǎn	
zhǐ	chǐ	shǐ	
zǐ	cǐ	sǐ	

3.4 제4성(第四声)

4성의 음의 흐름은 '51'로 표시한다. 4성은 가능한 한 길게 발음하는 것이 표준 중국어 발음에 가깝다. 그러므로 실제로는 '54321'로 발음된다고 알아두는 것이 좋다. 5도의 음은 1성에서 습득한 대로 하면 되며, 1도는 3성에서 공부한 대로 발음하면 된다. 다시 말하면 4성을 발음할 때는 입안에서부터 성대까지의 공기를 모두 내보낸다는 느낌이 들도록 발음하는 것이 중요하다. 이 느낌이 들도록 발음하자면 결국 4성의 마지막 부분, 즉 1도를 발음할 때 성대를 건드리는 상태가 되어야 한다.

bù	pù	mù	fù
dù	tù	nù	lù
gù	kù	hù	
jì	qì	xì	
zhì	chì	shì	
zì	cì	sì	

3.5 경성(轻声)

일반적으로 모든 한자는 자신의 고유한 성조를 가지고 있다. 그러나 특수한 상황에서는 한자가 본래의 성조를 버린채 약하고 짧게 발음되는 경우가 있다. 이 경우의 약하고 짧게 발음되는 성조를 경성이라고 한다. 경성은 때때로 의미를 구별해주는 변별요소가 되기도 하며, 말의 흐름을 부드럽게 해주는 중요한 역할을 하기도 한다. 요즈음은 갈수록 경성이 많아지고 있다. 그러나 어떤 경우에 경성으로 발음해야 하는가에 대한 확실한 규

칙은 없다. 여기에서는 경성을 발음하는 방법과 현 상태에서 파악할 수 있는 몇가지의 경성 원칙만을 제시하기로 한다.

경성의 높낮이는 그 앞에 나오는 성조에 따라 결정된다. 1성의 뒤에 나오는 경성은 2도로 발음하며, 2성 뒤의 경성은 3도, 3성 뒤의 경성은 4도, 4성 뒤의 경성은 1도 이하로 발음한다.

'我们的'와 같이 경성이 연이어 나오는 경우에는, 첫번째 경성은 위에서 말한 원칙을 따르고, 두번째 경성은 앞의 경성보다 낮은 위치에서 발음한다. 경성에 나오는 자음은 모두 유성음으로 변하며, 모음은 짧고 약하게 발음해야 한다. 경성은 단어의 의미를 구별해 주기도 한다. 예를 들면 '兄弟'를 'xiōngdì'로 발음하면 '형과 남동생'이라는 의미가 되며, 'xiōngdi'와 같이 발음하면 '남동생'이라는 의미가 된다.

tāmen	dōngxi
shénme	shíhou
wǒmen	zěnme
shìde	shìqing

3.6 성조(声调)의 변화

두 개 이상의 음절이 연이어 나올 때 성조가 변하는 경우가 있다. 이러한 현상을 변조(变调)라고 한다. 다음의 예에서는 실제 발음나는 대로 한어병음자모(汉语拼音字母)를 표기하기로 한다. 그러나 사전에는 이렇게 표기되어 있지 않고, 원래의 발음대로 표기되어 있음에 유의하자.

(1) 3성 다음에 3성이 나오면 앞의 3성은 후반성(后半声)으로 변한다. 후반성이란 3성이 '2114'로 발음된다고 하는 경우, 이의 후반에 해당하는 '14' 부분의 소리를 뜻한다.

měihǎo → méihǎo	hěn hǎo → hén hǎo
biǎoyǎn → biáoyǎn	fǔdǎo → fúdǎo

(2) 3성 다음에 1성, 2성, 4성이나 경성이 오면 앞의 3성은 '211'로 변한다.

diǎnzhōng	hǎochī
jiějué	jiǎnchá
hǎohuài	hǎokàn

(3) 4성 다음에 4성이 오면 앞의 4성은 반4성(半4声)으로 변한다. 반4성(半4声)이란 5도에서 시작하여 3도 정도에서 끝나는 것을 말한다. 두 번째 4성은 당연히 원래대로 발음한다.

fàngjià   jiànzhù

dòngwù   duànliàn

(4) '一, 七, 八, 不'의 성조

'一'의 성조 : '一'는 단독으로 사용되는 경우에는 'yī'로 발음하지만, 1성, 2성, 3성 앞에서는 4성으로, 4성 앞에서는 2성으로 발음한다. 다만 서수(序数)인 경우에는 언제나 1성으로 발음한다.

yìbiān   yìshēng

yìshí   yìqǐ

yìkǒu   yìbǐ

yíjiàn   yíbàn

'七, 八'의 성조 : 기수(基数)인 '七(qī), 八(bā)'는 4성 앞에서는 2성으로 발음한다.

qíwàn   báwàn

'不'의 성조 : '不(bù)'는 4성 앞에서는 2성으로 발음한다.

búduì   búshì

4 중국어의 발음 표기법

중국어의 발음은 한어병음자모(汉语拼音字母)로 표기한다. 이 표기 방법에는 다음과 같이 예외적으로 보이는 사항이 있다.

1. 'i, ü, u'가 다른 음을 동반하지 않고, 단독으로 음절을 이루는 경우에는 'yi, yu, wu'로 표기한다. 왜냐 하면 중국어에서 'i, ü, u'가 음절의 처음에 오는 경우에는 반모

음 'y, w'가 먼저 발음되기 때문이다. 반모음은 '절반은 모음, 절반은 자음'이라는 뜻이므로 곧 반자음과 같다. 자음은 입안의 어떤 부위의 강력한 장애를 받아 소리나는 음이다. 자음 가운데는 'f, s, sh, r, x, h'와 같은 마찰음도 있다. 마찰음은 실제로 어떤 부위가 붙었다가 떨어지는 정도의 강력한 장애를 받지는 않는다. 그러나 마찰음이 자음에 속하는 이유는 소리나는 공간이 협소하여 마찰의 정도가 아주 심하기 때문에 실제로는 강력한 장애를 받는다고 인정되기 때문이다. 반모음이란, 모음은 모음이지만 실제로는 좁은 공간을 통하여 강하게 마찰되어 소리나기 때문에 절반은 자음과 같다는 의미이다. 따라서 'yi, yu, wu'에 나오는 반모음 'y, w'는 절반은 자음에 가깝게 강한 마찰을 통하여 발음되어야 한다.

　'y'의 발음법 : 혀에 힘을 주고 입천장에 거의 댈 듯이 접근시킨 상태에서 강하게 공기를 내뿜어야 한다. 공기는 좁은 공간을 통과하며 강하게 마찰될 것이다. 영어 'yes'의 첫 음인 'j'와 같다.

　'w'의 발음법 : 우리말 '우'를 발음하는 상태에서 입술을 가능한 한 앞으로 쭉 내밀고 위 아래의 입술에 힘을 강하게 주어야 한다. 힘이 들어가 있는 입술의 작은 구멍으로 공기를 강하게 내뿜는다. 영어 'wood'의 첫 음인 'w'와 같다.

　2. 자음없이 'i, ü, u'로 시작하는 이중운모나 삼중운모에서는 'i' 대신 'y', 'ü' 대신 'yu', 'u' 대신 'w'로 표기한다.

ia	→	ya	ie →	ye
iao	→	yao	iou →	you
üc	→	yue	üan →	yuan
ua	→	wa	uo →	wo
uai	→	wai	uei →	wei

　3. 자음없이 'i, ü, u'로 시작하는 대비음운모(帶鼻音韻母)에서도 'i' 대신 'y', 'ü' 대신 'yu', 'u' 대신 'w'로 표기하지만, 'in, ing'의 경우에는 'y'를 더하여 'yin, ying'으로 표기한다.

ian	→	yan	iang →	yang
uan	→	wan	uen →	wen
üan	→	yuan	ün →	yun

$$\text{uang} \rightarrow \text{wang} \qquad \text{ueng} \rightarrow \text{weng}$$
$$\text{in} \quad \rightarrow \text{yin} \qquad \text{ing} \quad \rightarrow \text{ying}$$

4. 'iou' 와 'uei' 가 자음과 함께 쓰이면 각각 'iu' 와 'ui' 로 표기한다. 왜냐하면 이렇게 표기해도 발음의 구조상 생략된 'o' 와 'e' 의 음가가 나타나기 때문이다.

$$\text{diou} \rightarrow \text{diu} \qquad \text{xiou} \rightarrow \text{xiu}$$
$$\text{duei} \rightarrow \text{dui} \qquad \text{guei} \rightarrow \text{gui}$$

5. 'j, q, x' 다음에 'ü' 음이 오는 경우에는, 'ju, qu, xu' 로 표기한다. 이렇게 표기하는 이유는 'j, q, x' 다음에는 'u' 음이 오는 경우가 없기 때문이다.

$$\text{jü} \rightarrow \text{ju} \qquad \text{jüan} \rightarrow \text{juan}$$
$$\text{qü} \rightarrow \text{qu} \qquad \text{qüan} \rightarrow \text{quan}$$
$$\text{xü} \rightarrow \text{xu} \qquad \text{xüan} \rightarrow \text{xuan}$$

학 습 편

Nǐ hǎo!

1 你好!
Nǐ hǎo!

2 你好!
Nǐ hǎo!

3 小王，你好!
Xiǎo Wáng, nǐ hǎo!

4 小李，你好!
Xiǎo Lǐ, nǐ hǎo!

5 同学们好!
Tóngxuémen hǎo!

6 老师好!
Lǎoshī hǎo!

1 안녕!
2 안녕!
3 샤오왕, 잘 있었니!
4 샤오리, 잘 있었니!
5 학생 여러분 안녕하세요!
6 선생님 안녕하십니까!

단어

第	dì	…번 째, 차례를 나타내는 말
一	yī	1, 하나, 첫
课	kè	과
你	nǐ	당신, 너
好	hǎo	좋다
小	xiǎo	성 앞에 붙여서 친근감을 나타내는 말
王	Wáng	왕 씨
李	Lǐ	리 씨
同学	tóngxué	급우
们	men	복수를 나타내는 접미사
老师	lǎoshī	선생님

你好, 黄小姐!
Nǐ hǎo, Huáng xiǎojie!
안녕하십니까, 황 양!

黄小姐, 你好!
Huáng xiǎojie, nǐ hǎo!
황 양, 안녕하세요!

早!
Zǎo!
안녕!

老师早!
Lǎoshī zǎo!
선생님, 안녕하십니까!

再见!
Zàijiàn!
안녕히 가십시오! 안녕히 계십시오!
또 만납시다! 잘 가거라! 잘 있어!

一. 발음

외국어를 처음으로 배울 때는 천천히 읽고 천천히 말해야 한다. 천천히 발음하기 위해서는 모음을 약간 길게 발음해야 한다.

nǐ hǎo(你好)

'n'음을 낼 때, 혀의 가장자리 전체가 입천장을 완전히 막고 있어야 한다. 만약 혀의 앞부분만 닿아 있다면 중국인은 그 발음을 'l'로 알아 듣는다.

'h'음이 여린 입천장과 혀뿌리 사이에서 마찰되어 나오는지에 주의해야 한다. 정확하게 발음하고 있다면 마찰음이 난다는 것을 스스로 느낄 수 있다. 'ǎo'는 복운모이므로 'o'는 'ǎ'보다 짧고 약하게 소리나야 한다.

'nǐ'는 3성 앞에 위치하므로 후반성만 발음되며, 'hǎo'는 전반성만 발음된다. 이 경우의 전반성은 '2112'를 유지한다. 끝 부분에 '2'도 발음을 내야하는 이유는 'hǎo'가 문장의 끝에 위치하기 때문이다. 3성이 문장의 끝에 오면 전반성보다 약간 높은 '2'도에서 끝난다.

Wáng(王)

이 발음이 끝난 후에도 입모양이 'a'를 발음하는 상태로 열려있는지를 확인하자. 우리나라 사람은 'ang'을 발음하는 과정에서 입을 점점 다물어 가는 경향이 있다. 이렇게 되면 좋은 발음이 나오지 않는다.

tóngxuémen(同学们)

'2성+2성'의 구조이다. 이런 경우에는 뒤에 오는 2성이 더욱 높게 발음된다. 따라서 앞의 2성은 4도에서 끝나며, 뒤의 2성은 3도에서 시작하여 5도까지 올라간다.

lǎoshī(老师)

'3성+1성' 이므로 3성은 전반성만 발음된다.

二. 汉语拼音字母의 표기법

중국어를 汉语拼音字母로 표기할 때는 다음과 같은 원칙이 지켜져야 한다.

문장의 첫 글자는 대문자로 표기한다.

你好!　Nǐ hǎo!
再见!　Zàijiàn!

고유명사의 첫 글자는 대문자로 표기한다.

李　Lǐ
王　Wáng

2음절 이상이라도 하나의 단어이면 이어쓰며, 단어와 단어는 띄어쓴다.

同学　tóngxué
老师早　lǎoshī zǎo

명사의 접미사는 이어 쓴다.

学生们　xuéshengmen
同学们　tóngxuémen

성조는 주요모음 위에 표시한다.

주요모음은 'a, e, o, i/u' 순서로 결정된다. 다시 말하면 해당 음절에 'a'가 있으면 'a'(lǎo), 'e'가 있으면 'e'(děi), 'o'가 있으면 'o'(jiǒng), 'i/u'가 있으면 'i/u' 위에 성조를 표시한다. 다만 'i'와 'u'가 동시에 나오는 경우에는 뒤에 나오는 모음에 성조를 표시한다 (diū, duì). 이 순서는 반드시 지켜져야 한다. 경성은 성조 표시를 하지 않는다(xièxie).

三. 본문 설명

'你好!'

남녀 노소 신분의 고하 연령에 관계없이 주고받는 가장 일반적인 인사말이다. 특별히 상대를 높여야 하는 경우에는 '你' 대신 '您(nín)'으로 말한다. '您'은 '你'의 존칭이다.

'你好'의 앞뒤에 호칭이 올 수 있다.

你好, 黄小姐!
Nǐ hǎo, Huáng xiǎojie!
안녕하십니까, 황 양!

黄小姐, 你好!
Huáng xiǎojie, nǐ hǎo!
황 양, 안녕하세요!

'你' 위치에 다른 호칭이 올 수 있다.

同学们好!
Tóngxuémen hǎo!
친구들, 안녕!

老师好!
Lǎoshī hǎo!
선생님, 안녕하십니까!

妈妈好!
Māma hǎo!
엄마 안녕!

爸爸好!
Bàba hǎo!
아빠 안녕!

'小王'의 '小'

성의 앞에 와서 상대에 대한 화자의 친근감을 나타낸다. 연소자나 친한 친구 사이에 사용된다.

'早!'는 아침 인사이다. 이를 다음과 같이 말할 수도 있다.

早啊!
Zǎo a!
안녕! 안녕하십니까!

早安!
Zǎo ān!
안녕! 안녕하십니까!

'早!' 앞에 호칭이 올 수도 있다.

老师早!
Lǎoshī zǎo!
선생님, 안녕하세요!

'再见'

'또 만납시다', '안녕히 가십시오', '안녕히 계십시오' 라는 의미가 함께 들어 있다. 가는 사람과 보내는 사람이 서로 주고 받는 가장 보편적인 인사말이다.

중국어에는 3종의 인칭대사가 있다.

1인칭 : 我(나)
2인칭 : 你(너, 당신), 您(你의 존칭)
3인칭 : 他(그 남자), 她(그 여자)

인칭의 복수형에는 '们'을 붙인다.

'们'은 언제나 경성(轻声)으로 발음한다.

我们 wǒmen	우리들
你们 nǐmen	당신들, 너희들
他们 tāmen	그 남자들, 그들
她们 tāmen	그 여자들, 그녀들

사람을 의미하는 명사에 '们'을 붙여 복수를 표시할 수 있다.

老师们 lǎoshīmen	선생님들
学生们 xuéshengmen	학생들

사람 이외의 사물을 의미하는 명사에는 'men'을 붙일 수 없다.

＊学校们

＊书们

'＊'는 그 다음 말이 틀린 말이라는 표시이다.

사물을 나타내는 지시대사 '它, 牠'에는 예외적으로 '们'이 올 수 있다.

它们, 牠们 tāmen, tāmen	그것들

자 습 문 제

다음을 중국어로 말해 보시오.

1. 길에서 이웃집 아저씨를 만났을 때
    A   안녕하십니까?
    B   잘 있었니?

2. 아침에 교실에서 친구를 보았을 때
    A   안녕?
    B   안녕?

3. 학교에서 아침에 선생님을 만났을 때
    A   안녕하십니까?
    B   그래, 안녕?
    C   선생님, 안녕하세요?
    D   안녕!

4. 친구와 헤어질 때
    A   잘 가라.
    B   잘 가라.

5. 선생님과 길에서 헤어질 때
    A   선생님, 안녕히 가십시오.
    B   잘 가게나.

Nǐ shì Hánguórén ma?

1 你是韩国人吗？
Nǐ shì Hánguórén ma?

2 是的，我是韩国人。
Shì de, wǒ shì Hánguórén.

3 他也是韩国人吗？
Tā yě shì Hánguórén ma?

4 不是，他是中国人。
Bù shì, tā shì Zhōngguórén.

5 她是谁？
Tā shì shéi?

6 她是我的汉语老师。
Tā shì wǒ de Hànyǔ lǎoshī.

1 당신은 한국사람입니까?
2 예, 한국사람입니다.
3 저 분도 한국사람인가요?
4 아니요, 저 분은 중국사람입니다.
5 저 여자는 누구입니까?
6 저 분은 우리 중국어 선생님입니다.

단어

二	èr	2, 둘
是	shì	…이다
韩国人	Hánguórén	한국인
的	de	…의
他	tā	그, 저 사람
也	yě	…도, 역시
不	bù	…이 아니다, 부정을 나타내는 말
中国人	Zhōngguórén	중국인
她	tā	그녀, 저 여자
谁	shéi	누구
汉语	Hànyǔ	중국어

[是1]

他是韩国人。
Tā shì Hánguórén.
그는 한국인입니다.

他不是中国人。
Tā bù shì Zhōngguórén.
그는 중국인이 아닙니다.

他不是中国人，是韩国人。
Tā bù shì Zhōngguórén, shì Hánguórén.
저 분은 중국인이 아니라 한국인입니다.

[是2]

他是中国人吗？
Tā shì Zhōngguórén ma?
저 사람은 중국인입니까?

→ 是的，他是中国人。
　 Shì de, tā shì Zhōngguórén.
　 맞아요, 저 사람은 중국인입니다.

→ 不是，他是韩国人。
　 Bù shì, tā shì Hánguórén.
　 아니지요, 저 사람은 한국인이에요.

他是不是中国人？
Tā shì bù shì Zhōngguórén?
저 분은 중국인 아닌가요?

他 是 中国 人 不 是 ?
Tā shì Zhōngguórén bù shì?
저 분은 중국인 아닌가요?

[也]

你 也 是 韩国 人 吗 ?
Nǐ yě shì Hánguórén ma?
당신도 한국인인가요?

→ 是 啊 ，我 也 是 韩国 人 。
　　Shì a, wǒ yě shì Hánguórén.
　　네, 저도 한국 사람입니다.

[的]

他 是 我 的 汉语 老师 。
Tā shì wǒ de Hànyǔ lǎoshī.
저 분이 나의 중국어 선생님이세요.

她 是 你 的 汉语 老师 。
Tā shì nǐ de Hànyǔ lǎoshī.
저 여자분이 너의 중국어 선생님이셔.

他 是 我 的 中国 朋友 。
Tā shì wǒ de Zhōngguó péngyou.
저 사람은 나의 중국친구입니다.

一. 발음

Hánguórén(韩国人), Zhōngguórén(中国人)

'韩国人, 中国人'의 'guórén(国人)'은 경성(轻声)으로 발음된다.

ma(吗)

'ma(吗)'는 경성(轻声)이지만 미세하게 보면 'm'보다 'a'가 약간 높게 발음된다.

> 她是黄小姐吗?
> Tā shì Huáng xiǎojie ma?
> 저 사람이 황 양입니까?

> 他是你的中国朋友吗?
> Tā shì nǐ de Zhōngguó péngyou ma?
> 저 사람이 당신의 중국친구입니까?

> 你去吗?
> Nǐ qù ma?
> 당신은 가실겁니까?

shì de(是的), wǒ de(我的)

'de(的)'는 경성이다. 경성 바로 앞에 나오는 말은 최대한 정확하게 발음해주어야 한다.

bù shì(不是)

'shì(是)'가 4성이므로 'bù(不)'는 2성으로 읽는다. 그러나 한어병음 부호는 원래대로 표기한다.

二. 본문 설명

‘A 是 B’의 부정형은 ‘A 不是 B’이다.

她是黃小姐。
Tā shì Huáng xiǎojie.
그녀는 황 양입니다.

她不是黃小姐。
Tā bù shì Huáng xiǎojie.
그녀는 황 양이 아닙니다.

‘A 是 B’의 의문형은 다음과 같다.

A是B吗?
A shì B ma?

A是不是B?
A shì bù shì B?

A是B不是?
A shì B bù shì?

‘ma(吗)’는 의문문을 만드는 의문조사이므로 이미 의문형으로 구성된 문장에는 사용되지 않는다. 그러므로 다음은 틀린 말이다.

＊A是不是B吗?　　A shì bù shì B ma?

＊A是B不是吗?　　A shì B bù shì ma?

‘A是B吗?, A是不是B?, A是B不是?’에 대한 대답은 다음과 같다.

是。　　　　Shì.　　　　네, 그렇습니다.

是啊。　　　Shì a.　　　네, 그렇습니다.

是的。	Shì de.	네, 맞습니다.
不是。	Bù shì.	아닙니다. 아니지요.

'是'는 다소 딱딱한 대답이라는 느낌을 준다. 따라서 일반적으로는 '是啊'나 '是的'가 많이 사용된다. '是啊'는 상대의 지적에 내가 동의한다는 느낌을 주며, '是的'는 상대의 말이 맞다는 느낌을 준다.

'de(的)'는 소유, 수식 등을 표시한다.

我的书	나의 책
wǒ de shū	

他的朋友	그의 친구
tā de péngyou	

자 습 문 제

다음을 중국어로 말해 보시오.

A 당신은 중국인입니까?
B 네, 그런데요.
A 저 분도 중국인인가요?
B 아니요, 저 분은 한국 사람입니다.
A 저 분은 뭐하는 분인가요?
B 우리 중국어 선생님이세요.
A 저 여자는 누구죠?
B 저의 친구랍니다.

Nǐ lái ma?

1 明天你来吗?
Míngtiān nǐ lái ma?

2 不来。
Bù lái.

3 为什么?
Wèishénme?

4 我有点儿事儿。
Wǒ yǒu diǎnr shìr.

5 那后天来不来?
Nà hòutiān lái bù lái?

6 后天可以, 能来。
Hòutiān kěyǐ, néng lái.

1 내일 오실 건가요?
2 못 옵니다.
3 왜요?
4 일이 좀 있어서요.
5 그러면 모레는 오시나요?
6 모레는 괜찮습니다, 올 수 있습니다.

단어

三	sān	3, 셋
明天	míngtiān	내일
来	lái	오다
为什么	wèishénme	왜
有	yǒu	있다
点儿	diǎnr	조금, 약간
事儿	shìr	일
那	nà	그러면, 그렇다면
后天	hòutiān	모레
可以	kěyǐ	괜찮다, 가능하다
能	néng	할 수 있다

[来, 不来, 来不来]

明天他来吗？
Míngtiān tā lái ma?
내일 그 사람이 옵니까?

→ 来。
　Lái.
　옵니다.

明天他来不来？
Míngtiān tā lái bù lái?
내일은 그 사람이 옵니까?

→ 不来。
　Bù lái.
　안 옵니다.

[为什么]

为什么不来？
Wèishénme bù lái?
왜 안 오십니까?

为什么不去？
Wèishénme bù qù?
왜 안 가십니까?

为什么不吃？
Wèishénme bù chī?
왜 안 드시나요?

为什么不喝？
Wèishénme bù hē?
왜 안 마십니까?

[(一)点儿]

你明天早点儿来！
Nǐ míngtiān zǎo diǎnr lái!
당신은 내일 좀 일찍 오세요!

我想买点儿纪念品。
Wǒ xiǎng mǎi diǎnr jìniànpǐn.
나는 기념품을 좀 사고 싶어요.

一. 발음

wèishénme(为什陵)

'w'는 영어의 /w/와 같이 입술을 앞으로 힘주어 내민 상태에서 발음한다. 이는 반모음이며 반자음이다. 그러므로 반은 자음처럼 입술 사이에서 강한 마찰을 일으키며 발음해야 한다.

wǒ yǒu diǎnr shìr(我有点儿事儿)

'我有点儿'은 '3성+3성+3성'이다. 이런 경우에는 일반적으로 '후반성+후반성+전반성'으로 읽어야 하지만, 맨 처음에 '我'와 같은 인칭대사가 나오면 이 인칭대사는 전반성으로 읽는다. 따라서 '我有点儿'은 '전반성+후반성+전반성'으로 읽어야 한다. '点儿'은 'diǎn'과 'er'이 이어진 것이지만 'diǎnr'로 표기하며, 실제 발음에서는 'diǎr'로 읽는다.

lái bù lái(来不来)

동사가 반복되어 의문형을 반드는 경우의 不(bù)는 경성으로 읽는다.

二. 汉语拼音字母의 표기법

shìr(事儿), diǎnr(点儿)

낱말 뒤에 '儿(er)'이 부가되어 발음을 부드럽게 하는 경우가 있다. 이를 儿化韵이라고 한다. 'shì(事)'와 같이 'i'로 끝나는 낱말 다음에 'er(儿)'이 부가되면 'e'를 빼고 'r'만 표기한다.

'diǎn(点)+er(儿)'과 같이 'n'으로 끝나는 낱말 다음에 'er'이 오는 경우에는 'e'가 생략되고 'r'만 표기한다. 이 경우 실제 발음에서는 앞의 'n'은 발음하지 않는다.

	표기		실제음
点儿	diǎnr	→	diǎr
慢慢儿	mànmānr	→	mànmār

lái bù lái(来不来)

동사가 반복되어 의문형을 만드는 경우의 '不(bù)'는 경성으로 발음한다. 그러나 표기는 원래의 성조대로 한다.

	표기		실제음
来不来	lái bù lái	→	lái bu lái

三. 본문 설명

동사는 단독으로 술어가 될 수 있다.

我来。
Wǒ lái.
나는 온다.

他去。
Tā qù.
그는 간다.

시간을 표시하는 말이 문장의 앞에 올 수 있다.

明天我来。
Míngtiān wǒ lái.
내일은 내가 온다.

明天他去。
Míngtiān tā qù.
내일은 그가 간다.

'不'는 동사 앞에 와서 부정형을 만든다.

明天我不来。
Míngtiān wǒ bù lái.
내일은 내가 오지 않는다.

明天他不去。
Míngtiān tā bù qù.
내일은 그가 가지 않는다.

'为什么'는 이유를 묻는 의문사이다.

你为什么不来?
Nǐ wèishénme bù lái?
당신은 왜 안 오시나요?

你为什么不去?
Nǐ wèishénme bù qù?
당신은 왜 안 가시나요?

'一点儿'

형용사나 동사 뒤에 와서 경미한 정도 혹은 수량의 적음을 나타 낸다. 이 경우에 일반적으로 '一'는 생략된다.

你明天早点儿来!

Nǐ míngtiān zǎo diǎnr lái!

너는 내일 좀 빨리 와라!

我想买点儿纪念品。

Wǒ xiǎng mǎi diǎnr jìniànpǐn.

나는 기념품을 좀 사고 싶다.

'事儿'의 '儿'

다른 단어의 뒤에 와서 원래의 단어를 권설음(卷舌音)으로 만든다. 이렇게 변화된 권설음(卷舌音)을 '儿化韵'이라고 한다. '儿化韵'은 북경의 방언적 색채가 강한 음이지만 일부의 '儿化韵'은 중국 전역에서 사용된다.

'동사 + 不 + 동사'의 형태로 의문문을 만들 수 있다.

이러한 의문문 뒤에는 의문조사 '吗'가 올 수 없다.

你来不来?

Nǐ lái bù lái?

당신은 오십니까 안 오십니까?

你买不买?

Nǐ mǎi bù mǎi?

너는 사니 안 사니?

他去不去?

Tā qù bù qù?

그는 갑니까 안 갑니까?

자 습 문 제

다음을 중국어로 말해 보시오.

A 안녕?
B 안녕?
A 내일 올거니?
B 못 오는데요.
A 너의 친구도 못 오는 거야?
B 그 사람은 올 겁니다.
A 너는 왜 못 오는 거지?
B 내일은 일이 좀 있거든요.
A 그럼 모레는 오는 거야?
B 올 수 있을 겁니다.
A 모레 좀 빨리 오라고. 잘 가라.
B 알았어요. 안녕!

有没有油笔?

1 你有没有油笔?
Nǐ yǒu méi yǒu yóubǐ?

2 没有。
Méi yǒu.

3 那钢笔呢?
Nà gāngbǐ ne?

4 有。你要用吗?
Yǒu. Nǐ yào yòng ma?

5 嗯,我想写信。
Ng, wǒ xiǎng xiě xìn.

6 给你。
Gěi nǐ.

1 볼펜 있으세요?
2 없는데요.
3 그럼 만년필은요?
4 있어요. 필요하세요?
5 네, 편지를 쓰려고요.
6 여기 있습니다.

단어

四	sì	4, 넷
油笔	yóubǐ	볼펜
钢笔	gāngbǐ	만년필
呢	ne	의문을 나타내는 조사
要	yào	…하려고 하다
用	yòng	사용하다
嗯	ǹg	응, 네
写	xiě	쓰다
信	xìn	편지
给	gěi	주다

[有, 没有]

你有哥哥吗？
Nǐ yǒu gēge ma?
당신은 형이 있습니까?

→ 有。
　Yǒu.
　있습니다.

你有没有钢笔？
Nǐ yǒu méi yǒu gāngbǐ?
너 만년필 있니?

→ 有。
　Yǒu.
　있지.

你有姐姐没有？
Nǐ yǒu jiějie méi yǒu?
당신은 누님(언니)이 있습니까?

→ 没有。
　Méi yǒu.
　없습니다.

[要]

你要去吗？
Nǐ yào qù ma?
당신은 가실겁니까?

→ 要去。
　Yào qù.
　가려고 하는데요.

→ 不想去。
　Bù xiǎng qù.
　가고 싶지 않은걸요.

一. 발음

没有(méi yǒu)

　‘m’은 비음(鼻音)이다. 물론 우리말의 ‘ㅁ’도 비음(鼻音)이지만 중국어 ‘m’는 우리말의 비음(鼻音)보다 콧소리가 더 많이 섞여야 한다. ‘m’를 정확하게 발음하려면 우리말 ‘음’을 약하게 먼저 발음한 상태에서 중국어 ‘m’을 발음하면 된다.

你要用吗(nǐ yào yòng ma)?

　이 경우의 ‘吗(ma)’를 정확하게 발음해보자. ‘用(yòng)’이 4성이기 때문에 일단 5도에서 1도로 내려가게 되는데, 이 발음이 완전히 끝나고 난 후에 ‘吗(ma)’를 발음한다. ‘m’보다 ‘a’를 약간 높은 음으로 발음한다. 중국어를 처음 배우는 사람은 ‘m’보다 ‘a’를 낮게 발음하는 경향이 있다.

二. 汉语拼音字母의 표기법

有(yǒu), 要(yào)

　‘iou’, ‘iao’와 같이 ‘i’로 시작되는 음절은, ‘i’를 ‘y’로 바꾸어 ‘you’, ‘yao’와 같이 표기한다. ‘y’는 반모음이며 동시에 반자음이므로 영어 ‘yes’의 ‘y’와 같이 혓바닥과 입천장을 거의 닿을 정도로 접근시킨 후 강하게 발음해야 한다. 汉语拼音字母의 표기법에서 ‘i’를 ‘y’로 바꾸어 쓰는 이유는, ‘i’가 음절의 맨 앞에 나오면 ‘y’로 강하게 발음되기 때문이다.

我(wǒ)

'uo'와 같이 'u'로 시작되는 음절은, 'u'를 'w'로 바꾸어 'wo'로 표기한다. 'w'는 반모음이며 동시에 반자음이므로 영어 'wood'의 'w'처럼 입술에 힘을 주어 앞으로 내민 상태에서 약간 강하게 발음해야 한다. 汉语拼音字母의 표기법에서 'u'를 'w'로 바꾸어 쓰는 이유는, 'u'가 음절의 맨 앞에 나오면 'w'로 강하게 발음되기 때문이다.

三. 본문 설명

'有'는 '没'로 부정된다.

我有钢笔。
Wǒ yǒu gāngbǐ.
나는 만년필이 있다.

我没有钢笔。
Wǒ méi yǒu gāngbǐ.
나는 만년필이 없다.

他有哥哥。
Tā yǒu gēge.
그에게는 형(오빠)이 있다.

他没有哥哥
Tā méi yǒu gēge.
그에게는 형(오빠)이 없다.

65

'有…吗?', '有没有…?', '有…没有?'형으로 의문문을 만든다.

你有水笔吗?
Nǐ yǒu shuǐbǐ ma?
수성펜이 있습니까?

你有没有水笔?
Nǐ yǒu méi yǒu shuǐbǐ?
수성펜이 있습니까?

你有水笔没有?
Nǐ yǒu shuǐbǐ méi yǒu?
수성펜이 있습니까?

'要'가 단독의 동사로 사용되면 '필요하다, 요구하다, 원하다'의 의미이다.

你要什么?
Nǐ yào shénme?
무엇이 필요합니까?

我要这个。
Wǒ yào zhège.
나는 이것을 원합니다.

'要'가 다른 동사 앞에 오면 조동사가 되어 '…를 하고자 하다, …하려 하다'와 같은 화자의 의지를 나타낸다.

我要用。
Wǒ yào yòng.
제가 사용할 겁니다.

他要来。
Tā yào lái.
그 사람이 오려고 하는데요.

我要学。
Wǒ yào xué.
저는 배우려고 합니다.

'要'가 쓰인 물음에 대하여 '想'으로 대답하는 경우가 있다. 상대가
'…를 하겠느냐'고 의지를 물어왔을 때, '…를 하고 싶다'라는 소망
으로 대답하는 것이 오히려 자연스러운 경우가 있기 때문이다.

你要吃什么?
Nǐ yào chī shénme?
무엇을 드시겠습니까?

→ 我想吃面条儿。
Wǒ xiǎng chī miàntiáor.
저는 국수를 먹고 싶은데요.

수사(數詞)

수사는 반드시 양사(量詞)를 동반해야만 명사를 수식할 수 있다. 수
사와 양사를 합하여 수량사(數量詞)라고 한다. 수량사 앞에는 '这
(zhè), 那(nà), 哪(nǎ)'와 같은 지시대사가 올 수 있다. 이 경우에 수사
가 '一'이면 대개 생략된다. '一'의 생략을 표시하기 위하여 '这,
那, 哪'를 '这(zhèi), 那(nèi), 哪(něi)'로 발음하기도 한다.

这(一)本书 zhè běn shū	이 책
那(一)本书 nà běn shū	저 책
哪(一)本书 nǎ běn shū	어느 책

这(一)个人 zhè/zhèi ge rén	이 사람
那(一)个人 nà/nèi ge rén	저 사람
哪(一)个人 nǎ/něi ge rén	어느 사람
这(一)位老师 zhè/zhèi wèi lǎoshī	이 선생님
那(一)位老师 nà/nèi wèi lǎoshī	저 선생님
哪(一)位老师 nǎ/něi wèi lǎoshī	어느 선생님

자 습 문 제

다음을 중국어로 말해 보시오.

A 안녕?

B 안녕?

A 넌 내일 갈꺼야?

B 갈꺼야.

A 네 친구도 가는거야?

B 그는 갈 생각이 없대.

A 만년필 있니?

B 있지. 필요해?

A 응, 편지 한 장 쓰려고.

B 여기 있어.

A 돈 가진거 있니?

B 없는데.

忙不忙?

1 最近忙不忙?
Zuìjìn máng bù máng?

2 还可以,你呢?
Hái kěyǐ, nǐ ne?

3 也行吧。
Yě xíng ba.

4 身体怎么样?
Shēntǐ zěnmeyàng?

5 很好。
Hěn hǎo.

6 天气太热了,要注意身体啊!
Tiānqì tài rè le, yào zhùyì shēntǐ a!

1 요즘 바쁘세요?
2 그런대로 괜찮습니다, 당신은요?
3 저도 그래요.
4 건강은 어떠십니까?
5 좋아요.
6 날씨가 너무 더우니 건강에 조심하셔야 합니다!

단어

五	wǔ	5, 다섯
最近	zuìjìn	최근, 요즘
忙	máng	바쁘다
还	hái	그럭저럭
行	xíng	되다
吧	ba	불확실한 상황을 나타내는 조사
身体	shēntǐ	건강, 몸
怎么样	zěnmeyàng	어떻습니까
很	hěn	매우
天气	tiānqì	날씨
太	tài	너무
热	rè	덥다, 뜨겁다
要	yào	…해야만 하다
注意	zhùyì	조심하다

[好不好]

那儿的天气好不好?
Nàr de tiānqì hǎo bù hǎo?
그곳의 날씨가 좋아요 안 좋아요?

→ 很好。
　Hěn hǎo.
　좋습니다.

那个东西贵不贵?
Nà ge dōngxi guì bù guì?
그 물건은 비쌉니까?

→ 不太贵。
　Bù tài guì.
　많이 비싸지는 않습니다.

[还可以]

这本书怎么样?
Zhè běn shū zěnmeyàng?
이 책은 어떻습니까?

→ 还可以。
　Hái kěyǐ.
　괜찮습니다.

今天天气怎么样?
Jīntiān tiānqì zěnmeyàng?
오늘 날씨 어떻습니까?

→ 还可以。
Hái kěyǐ.
그런대로 괜찮습니다.

你身体好吗？
Nǐ shēntǐ hǎo ma?
건강하십니까?

→ 还可以。
Hái kěyǐ.
괜찮은 편입니다.

[呢]
••

我去，你呢？
Wǒ qù, nǐ ne?
나는 갈건데요, 당신은요?

我不想去，你呢？
Wǒ bù xiǎng qù, nǐ ne?
나는 가고 싶지 않은데요, 당신은요?

我身体还可以，你呢？
Wǒ shēntǐ hái kěyǐ, nǐ ne?
나는 건강이 그런대로 괜찮습니다. 당신은 어때요?

这个太贵了，那个呢？
Zhèi ge tài guì le, nèi ge ne?
이것은 너무 비싸군요, 저건 어때요?

[怎么样]

一路上怎么样？
Yīlù shang zěnmeyàng?
편히 오셨습니까?

→ 很顺利。
　Hěn shùnlì.
　잘 왔습니다.

你哥哥怎么样？
Nǐ gēge zěnmeyàng?
당신 형은 어때요?

→ 挺好的。
　Tǐng hǎo de.
　좋습니다.

一. 발음

忙 (máng)

제1과에서 'Wáng'을 연습한 적이 있다. 'máng'도 이와 같다. 'áng' 발음이 진행되는 과정에 입을 다물어서는 안된다.

忙不忙 (máng bù máng)

'형용사+不+형용사' 구조가 되면 의문문이 된다. 이 경우의 '不'는 경성으로 발음한다.

很好 (hěn hǎo)

'n'는 'h' 앞에서 'ng'로 발음되는 경향이 있다. 이 음이 표준음으로 인정된 것은 아니지만 일반적인 회화에서는 곧잘 이렇게 발음한다.

$$hěn \; hǎo \quad \rightarrow \quad héng \; hǎo$$

天气 (tiānqì)

'tiān'의 'a'는 영어 'æ'를 발음할 때와 동일하게 입을 벌려 주어야 한다. 'qi'의 'q'는 파찰음이므로 공기를 반드시 강하게 파열시켜야 한다. 우리는 일반적으로 'ian'을 발음하면서 입을 잘 벌리지 않으며, 'q'를 발음하면서 공기를 강하게 파열시키지 않는 습관이 있다.

二. 汉语拼音字母의 표기법

忙不忙(máng bù máng)

형용사가 반복되어 의문형을 만드는 경우의 不(bù)는 경성으로 발음되지만 원래의 성조대로 표기한다.

표기		실제음
máng bù máng	→	máng bu máng

可以(kěyǐ)

3성이 반복되면 앞의 3성은 후반성인 2성으로 발음된다. 그러나 汉语拼音의 표기는 원래대로 한다.

표기		실제음
kěyǐ	→	kéyǐ

三. 본문 설명

인사말

'最近忙不忙?'은 바쁜가 안 바쁜가를 묻는다기보다는 일이 많은 사람들끼리 나누는 일종의 인사말이다. '身体怎么样?'도 인사말이다. 전화를 걸고 자기를 소개할 때는 다음과 같이 인사한다.

您好，我是马文。
Nín hǎo, wǒ shì Mǎ Wén.
안녕하세요, 저는 마원입니다.

친한 사람을 만났을 때는 다음과 같이 인사한다.

嗨, 小王, 你怎么样啊?

Hāi, Xiǎo Wáng, nǐ zěnmeyàng a?

오! 샤오왕아, 너 잘 지내니?

噢, 这不是金华吗?

Ō, zhè bù shì Jīn Huá ma?

야! 이거 진화 아니야?

'您好, 我是马文.', '您好, 我是金华.'와 같은 형식은 전화를 할 때 주고 받는 인사말이다.

'嗨, 小王怎么样啊!', '噢, 这不是金华吗?'와 같은 형식은 친한 사이에서 주고 받는 인사말이다.

형용사가 문장의 주요술어가 되었을 때

문장의 끝에 '吗'를 붙이면 의문문이 된다.

最近你忙吗?

Zuìjìn nǐ máng ma?

요즘 바쁘세요?

天气热吗?

Tiānqì rè ma?

날씨가 덥나요?

'형용사+不+형용사' 구조도 의문문이 된다.

最近忙不忙?

Zuìjìn máng bù máng?

요즘 바쁘세요?

天气热不热?

Tiānqì rè bù rè?

날씨가 덥나요?

이 의문문의 대답은 다음과 같다.

天气热不热?
Tiānqì rè bù rè?
날씨가 덥나요?

→ 很热。
　Hěn rè.
　더워요.

→ 还可以。
　Hái kěyǐ.
　괜찮아요.

→ 不很热。
　bù hěn rè.
　그렇게 덥지는 않아요.

'还可以'는 '그런대로 괜찮다'는 뜻으로 사용된다.

身体怎么样?
Shēntǐ zěnmeyàng?
건강이 어떠신가요?

→ 还可以。
　Hái kěyǐ.
　그런대로 괜찮습니다.

今天天气热不热?
Jīntiān tiānqì rè bù rè?
오늘 날씨 덥나요?

→ 还可以。
　Hái kěyǐ.
　그런대로 괜찮습니다.

'怎么样'은 의문사로서 상황이나 성질 등을 묻는다.

这本书怎么样？
Zhè běn shū zěnmeyàng?
이 책은 어떤가요?

→ 非常好。
　　Fēicháng hǎo.
　　매우 좋습니다.

자 습 문 제

다음을 중국어로 말해 보시오.

A 안녕?

B 안녕?

A 요새 바빴니?

B 뭐 그런대로 괜찮았어.

A 너 있는 곳의 날씨는 좋았니?

B 아주 좋았어. 여기는 어땠지?

A 그냥 괜찮았어. 네 건강은 괜찮고?

B 괜찮아, 너는?

A 응, 나도 괜찮았어.

B 날씨가 이렇게 더우니까 주의해야 해.

这是什么？

1 这是什么？
Zhè shì shénme?

2 油条儿。
Yóutiáor.

3 好吃吗？
Hǎochī ma?

4 很好吃。
Hěn hǎochī.

5 那我就吃，你呢？
Nà wǒ jiù chī, nǐ ne?

6 我也吃。
Wǒ yě chī.

1 이게 뭐예요?
2 요우티아올입니다.
3 맛있어요?
4 맛있어요.
5 그럼 전 이걸 먹을게요, 당신은요?
6 저도 먹을게요.

단어

六	liù	6, 여섯
这	zhè	이것
油条儿	yóutiáor	꽈배기의 일종
好吃	hǎochī	먹기 좋다, 맛있다
那	nà	그러면
就	jiù	곧

[什么]

• •

这 是 什 么？
Zhè shì shénme?
이것은 무엇입니까?

→ 苹 果。
　 Píngguǒ.
　 사과입니다.

那 是 什 么？
Nà shì shénme?
저것은 무엇입니까?

→ 西 瓜。
　 Xīguā.
　 수박입니다.

[吃]

• •

吃
chī
먹다

吃 这 个
chī zhèi ge
이것을 먹다

吃 不 吃 这 个？
Chī bù chī zhèi ge?
이것을 드시겠습니까?

看
kàn
보다

83

看中文报
kàn Zhōngwén bào
중국어 신문을 보다

看不看中文报?
Kàn bù kàn Zhōngwén bào?
중국어 신문을 보시겠습니까?

[好]

∙∙∙

她的声音很好听。
Tā de shēngyīn hěn hǎotīng.
그녀의 목소리는 듣기 좋다.

这件衣服很好看。
Zhè jiàn yīfu hěn hǎokàn.
이 옷은 예쁘다.

[那就]

∙∙∙

那就要这个吧。
Nà jiù yào zhèi ge ba.
그럼 이것을 요구합니다.

那就别等他了!
Nà jiù bié děng tā le!
그렇다면 그를 기다리지 맙시다!

那就别来了!
Nà jiù bié lái le!
그렇다면 오지 마세요!

84

一. 발음

油条儿 (yóutiáor)

원래는 'yóutiáo+er' 이지만 '儿' 바로 앞의 음절이 'o' 로 끝나면 'e' 를 생략하고 'r' 만 붙이며, 표기한 대로 읽는다.

xiǎoniǎo+er	→	xiǎoniǎor(小鸟儿)
hǎohāo+er	→	hǎohāor(好好儿)

二. 본문 설명

'这, 那'는 지시대사(指示代词)이다.

'这'는 '이것', '那'는 '저것', '哪'는 부정칭(不定称)으로서 '어느 것'을 뜻한다.

> 这是我的。
> Zhè shì wǒ de.
> 이것은 내 것이다.
>
> 那是你的。
> Nà shì nǐ de.
> 그것은 네 것이다.

지시대사는 수량사(数量词)와 결합할 수 있다. 수사(数词) '一'는 생략할 수 있다.

这(一)个	zhè(zhèi) ge	이것
那(一)个	nà(nèi) ge	저것
哪(一)个	nǎ(něi) ge	어느 것

这(一)个人	zhè(zhèi) ge rén	이 사람
那(一)个人	nà(nèi) ge rén	저 사람
哪(一)个人	nǎ(něi) ge rén	어느 사람

'什么'는 '무엇'에 해당하는 의문대사이다.

你要什么?
Nǐ yào shénme?
무엇이 필요합니까?

→我要这个。
　Wǒ yào zhè ge.
　나는 이것이 필요합니다.

你喜欢吃什么?
Nǐ xǐhuan chī shénme?
무얼 먹기를 좋아하나요?

→我喜欢吃面包。
　Wǒ xǐhuan chī miànbāo.
　나는 빵을 좋아해요.

你现在写什么?
Nǐ xiànzài xiě shénme?
당신은 지금 무엇을 쓰나요?

→我写信。
　Wǒ xiě xìn.
　저는 편지를 씁니다.

'什么'는 명사를 수식할 수 있다.

你什么时候去?
Nǐ shénme shíhou qù?
언제 가십니까?

你要什么东西?
Nǐ yào shénme dōngxi?
어떤 물건을 원하십니까?

你借什么书?
Nǐ jiè shénme shū?
무슨 책을 빌리려고 하십니까?

你有什么事儿?
Nǐ yǒu shénme shìr?
무슨 일이 있습니까?

'好 + 동사'

'…하기에 좋다' 라는 뜻의 형용사로 변한다.

好听   hǎotīng   듣기 좋다 → 목소리가 좋다
好看   hǎokàn   보기 좋다 → 예쁘다, 아름답다

이러한 형태의 형용사도 '不' 로 부정된다.

不好听   bùhǎotīng   듣기 싫다
不好看   bùhǎokàn   보기 싫다

빈어(賓語)

우리말의 목적어에 해당하는 말을 중국어에서는 빈어(賓語)라고 한다. 빈어는 동사 뒤에 온다.

看书   kàn shū   책을 보다
吃饭   chī fàn   밥을 먹다
喝水   hē shuǐ   물을 마시다
写报告   xiě bàogào   보고서를 쓰다
说汉语   shuō Hànyǔ   중국어를 말하다, 중국어로 말하다

'那就'

'그렇다면 곧 …하다'의 뜻이다. 주어가 있으면 '那+주어+就'가 된다.

你去, 那我就不去了。
Nǐ qù, nà wǒ jiù bù qù le.
당신이 간다면 나는 가지 않겠습니다.

你没有空, 那我就不去了。
Nǐ méi yǒu kòng, nà wǒ jiù bù qù le.
네가 시간이 없다면 내가 가지 않을게.

자 습 문 제

다음을 중국어로 말해 보시오.

A   요새 바쁘신가요?

B   괜찮습니다.

A   이건 뭐죠?

B   영어신문입니다.

A   저건요?

B   그것은 중국신문입니다. 보시겠습니까?

A   아뇨.

B   사과 드시겠습니까?

A   좋습니다. 당신은요?

B   그럼 저도 먹겠습니다.

89

气候

1 这儿的气候怎么样？
Zhèr de qìhòu zěnmeyàng?

2 冬天非常冷。
Dōngtiān fēicháng lěng.

3 春天暖和吗？
Chūntiān nuǎnhuo ma?

4 暖和，但是风很大。
Nuǎnhuo, dànshì fēng hěn dà.

5 夏天怎么样？热不热？
Xiàtiān zěnmeyàng? Rè bù rè?

6 不太热。
Bù tài rè.

1 이곳 기후는 어떻습니까?

2 겨울에는 대단히 춥습니다.

3 봄에는 따뜻한가요?

4 따뜻합니다, 그러나 바람이 세지요.

5 여름엔 어때요? 더운가요?

6 그렇게 덥지는 않습니다.

단어

七	qī	7, 일곱
这儿	zhèr	여기
气候	qìhòu	기후
冬天	dōngtiān	겨울
冷	lěng	춥다
春天	chūntiān	봄
暖和	nuǎnhuo	따뜻하다
但是	dànshì	그러나
风	fēng	바람
大	dà	크다, 세다
夏天	xiàtiān	여름
不太	bùtài	별로 …하지는 않다

[非常]

北京的冬天怎么样？
Běijīng de dōngtiān zěnmeyàng?
베이징의 겨울은 어떻습니까?

→ 非常冷。
　　Fēicháng lěng.
　　굉장히 춥습니다.

秋天呢？
Qiūtiān ne?
가을은요?

→ 非常凉快。
　　Fēicháng liángkuài.
　　아주 서늘합니다.

[很]

你喜欢她吗？
Nǐ xǐhuan tā ma?
그녀를 좋아하세요?

→ 嗯, 我非常喜欢。
　　Ǹg, wǒ fēicháng xǐhuan.
　　응, 나는 그녀를 참 좋아합니다.

他性格怎么样？
Tā xìnggé zěnmeyàng?
그 사람은 성격이 어때요?

→ 很不错。
  Hěn búcuò.
  참 좋습니다.

[大]

教室非常大。
Jiàoshì fēicháng dà.
교실이 매우 크다.

房间相当大。
Fángjiān xiāngdāng dà.
방이 상당히 크다.

进步很大。
Jìnbù hěn dà.
많이 향상되었군요.

变化很大。
Biànhuà hěn dà.
많이 변했군요.

[太]

人多不多?
Rén duō bù duō?
사람이 많습니까?

→ 人太多了。
  Rén tài duō le.
  사람이 너무 많아요.

房间大不大?

Fángjiān dà bù dà?

방이 큰가요 안 큰가요?

→不太大。

Bù tài dà.

별로 크지 않아요.

这个办法好不好?

Zhè ge bànfǎ hǎo bù hǎo?

이 방법 어때요?

→不太好。

Bù tài hǎo.

아주 좋지는 않아요.

'这儿'

처소를 나타내는 지시대사이다. '儿' 대신 '里'를 쓸 수도 있다.

这儿(这里)	zhèr(zhè li)	이 곳
那儿(那里)	nàr(nà li)	저 곳
哪儿(哪里)	nǎr(nǎ li)	어느 곳

哪儿有公用电话?
Nǎr yǒu gōngyòngdiànhuà?
어디에 공중전화가 있다고요?

这儿没有, 那儿有。
Zhèr méi yǒu, nàr yǒu.
여기에는 없고, 저기에 있습니다.

계절을 나타내는 명사는 다음과 같다.

春天	chūntiān	봄
夏天	xiàtiān	여름
秋天	qiūtiān	가을
冬天	dōngtiān	겨울

정도부사는 형용사의 앞에 와서 정도를 나타낸다.

今天天气很好!
Jīntiān tiānqì hěn hǎo!
오늘은 날씨가 좋군요!

今天天气挺好!
Jīntiān tiānqì tǐng hǎo!
오늘은 날씨가 아주 좋군요!

今天天气相当好!
Jīntiān tiānqì xiāngdāng hǎo!
오늘은 날씨가 상당히 좋아요!

今天太热了!
Jīntiān tài rè le!
오늘은 너무 덥군요!

今天非常冷!
Jīntiān fēicháng lěng!
오늘은 대단히 춥군요!

'太'는 과도한 정도를 나타내는 경우가 있다.

他太高了。
Tā tài gāo le.
그는 키가 너무 커요.

这本书太难了。
Zhè běn shū tài nán le.
이 책은 너무 어렵습니다.

这个苹果太小了。
Zhè ge píngguǒ tài xiǎo le.
이 사과는 너무 작아요.

'不太'는 '별로 …하지는 않다'라는 뜻이다.

不太大
bù tài dà
별로 크지는 않다

不太好
bù tài hǎo
별로 좋지는 않다

不太冷
bù tài lěng
별로 춥지는 않다

'不怎么…'는 '그다지 …하지는 않다'라는 뜻이다.

不怎么好
bù zěnme hǎo
그다지 좋지는 않다

不怎么大
bù zěnme dà
그다지 크지는 않다

不怎么热
bù zěnme rè
그다지 덥지는 않다

不怎么冷
bù zěnme lěng
그다지 춥지는 않다

'了'

문장의 끝에 위치하여, 말하는 시점에, 그 앞에 서술한 내용으로 사태가 변하였음을 나타낸다.

他说汉语了。
Tā shuō Hànyǔ le.
(그가 중국어를 말하는 사태로 변했다.)
→ 이제 그가 중국어를 말하게 되었다.

七点半了。
Qī diǎn bàn le.
(7시 30분인 사태로 변했다.)
→ 이제 7시 30분이 되었다.

雨大了 yǔ dà le
: 비가 많이 오지 않았는데, 이제는 비가 많이 내리는 상황으로 변하였다.

雾大了 wù dà le
: 안개가 많이 끼지 않았는데, 이제는 안개가 많이 낀 상황으로 변하였다.

雪大了 xuě dà le
: 눈이 많이 오지 않았는데, 이제는 눈이 많이 내리는 상황으로 변하였다.

자 습 문 제

다음 전화내용을 중국어로 말해 보시오.

A 요사이 바쁘시지요?

B 그런대로 괜찮습니다.

A 그곳은 날씨가 어떤가요?

B 오늘은 엄청나게 더운데요.

A 조심하셔야겠네요. 건강은 어떠시고요?

B 건강은 좋습니다. 그곳도 상당히 더운가요?

A 그렇게 덥지는 않습니다. 그런대로 괜찮지요.

B 내일 오실겁니까?

A 내일은 가고 싶지 않군요.

B 그럼 다음에 오십시오.(下次 xià cì : 다음)

您贵姓?

1 小姐，您贵姓?
Xiǎojiě, nín guì xìng?

2 免贵姓李，叫李华。
Miǎn guì xìng Lǐ, jiào Lǐ Huá.

3 您好! 我叫马文。这位是…?
Nín hǎo! Wǒ jiào Mǎ Wén. Zhè wèi shì…?

4 我来介绍一下，这位是金先生。
Wǒ lái jièshào yīxià, zhè wèi shì Jīn xiānsheng.

5 噢，您就是金平先生吧。
Ō, nín jiù shì Jīn Píng xiānsheng ba.

6 是的，我就是金平。
Shì de, wǒ jiù shì Jīn Píng.

1 아가씨, 이름이 무엇입니까?
2 저는 성이 리고요, 성명은 리화입니다.
3 안녕하세요! 저는 마원이라고 합니다. 이 분은....?
4 제가 소개하지요, 이 분은 진 선생님이세요.
5 아! 당신이 바로 진핑 선생님이시군요.
6 네, 제가 바로 진핑입니다.

단어

八	bā	8, 여덟
贵姓	guìxìng	상대의 성씨를 물을 때 쓰는 말
免贵	miǎn guì	자기의 성을 낮추어 부르는 말
小姐	xiǎojie	아가씨, 영어의 Miss에 해당하는 말
叫	jiào	…라고 부르다
李华	Lǐ Huá	리화(인명)
马文	Mǎ Wén	마원(인명)
位	wèi	사람을 세는 양사, 분
介绍	jièshào	소개하다
一下	yīxià	한 번
金	Jīn	진(성씨)
先生	xiānsheng	씨, 선생
金平	Jīn Píng	진핑(인명)

[姓名]

....

您贵姓？
Nín guì xìng?
성씨가 어떻게 되십니까?

→ 免贵姓李。
    Miǎn guì xìng Lǐ.
    저는 성이 리입니다.

→ 免贵姓李， 叫李华。
    Miǎn guì xìng Lǐ, jiào Lǐ Huá.
    저는 성이 리이고, 성명은 리화라고 합니다.

你叫什么名字？
Nǐ jiào shénme míngzi?
이름이 무엇입니까?

→ 我叫李华。
    Wǒ jiào Lǐ Huá.
    저는 리화라고 합니다.

[来]

....

我来看一下。
Wǒ lái kàn yīxià.
내가 한 번 봅시다.

我来说一下。
Wǒ lái shuō yīxià.
제가 한 번 말씀드리겠습니다.

我来想办法。
Wǒ lái xiǎng bànfǎ.
제가 방법을 생각해 보겠습니다.

大家来商量商量。
Dàjiā lái shāngliang shāngliang.
모두 함께 상의해 봅시다.

[一下]

请等一下!
Qǐng děng yīxià!
잠시 기다려 주십시오!

可以看一下吗?
Kěyǐ kàn yīxià ma?
좀 볼 수 있을까요?

你到我这儿来一下。
Nǐ dào wǒ zhèr lái yīxià.
너 나한테 좀 오거라.

这个问题请考虑一下。
Zhè ge wèntí qǐng kǎolù yīxià.
이 문제를 좀 생각해주세요.

[就]

这儿就是他的家。
Zhèr jiù shì tā de jiā.
이 곳이 바로 그 사람의 집입니다.

前面就是北京站。

Qiánmian jiù shì Běijīngzhàn.

앞쪽이 바로 베이징역입니다.

我就不相信他的话。

Wǒ jiù bù xiāngxìn tā de huà.

나는 절대로 그의 말을 믿지 않는다.

一. 汉语拼音字母의 표기법

성씨와 이름은 띄어 쓰며, 성씨와 이름의 첫 글자는 대문자로 표기한다.

Máo Zédōng, Dèng Xiǎopíng, Jiāng Zémín, Zhū Róngjī

성과 신분이나 직위를 나타내는 말은 띄어 쓴다.

Wáng xiānsheng, Wáng xiǎojie

二. 본문 설명

'您'

'你'의 존칭어로서 상대를 높여야 하는 경우에 사용한다. 중국어에는 우리말과 같이 존칭을 나타내는 조사가 없다. 이 책에 나오는 거의 모든 회화문은 윗사람이나 아랫사람에게 모두 쓰일 수 있다는 사실을 알아두자. 이 책의 번역에 존칭어와 비존칭어를 섞어서 사용한 이유는 이러한 사실을 알려 주기 위한 것이다.

'您贵姓?'

엄밀히 말하면 '성이 무엇입니까?'라는 뜻이다. 그러므로 이런 질문에 대하여 성씨만 대답할 수도 있다. 그러나 대개는 '叫'를 사용하여 성과 이름을 함께 말한다.

您贵姓?
Nín guì xìng?
성씨가 어떻게 되십니까?

→我姓赵。
Wǒ xìng Zhào.
저의 성은 자오입니다.

→我姓赵，我叫赵国风。
Wǒ xìng Zhào, wǒ jiào Zhào Guófēng.
성은 자오고요, 성명은 자오꿔펑이라고 합니다.

'您贵姓?'에 '贵'가 들어간 것은 상대의 성을 높여 말한 것이다. 이에 대한 대답을 할 때 '免'을 사용하는 경우가 있다. 이는 상대가 '贵'를 사용한 데 대한 겸손의 표현이다. 이 문장의 원래 의미는 '贵를 제외한 姓은 …입니다'이다.

다음과 같이 성과 이름을 한꺼번에 묻기도 한다.

你叫什么名字?
Nǐ jiào shénme míngzi?
당신은 이름이 무엇입니까?

→ 我叫赵国风。
Wǒ jiào Zhào Guófēng.
저는 자오꿔펑이라고 합니다.

'小姐'

결혼을 하지 않은 젊은 여자를 부르는 호칭으로서 영어의 'miss'에 해당한다. 그러나 요즈음은 이 호칭의 사용범위가 점점 넓어지고 있다. 심지어 상점 같은 곳에서는 40대 이상의 부인에게도 이 호칭을 사용한다.

王小姐	Wáng xiǎojie	赵小姐	Zhào xiǎojie
这位小姐	Zhè wèi xiǎojie	那位小姐	Nèi wèi xiǎojie

'先生'

성인 남자를 부르는 호칭으로서 영어의 'mister'에 해당한다. 결혼, 나이 여부에 상관없이 사용된다.

王先生	Wáng xiānsheng
赵先生	Zhào xiānsheng
这位先生	zhè wèi xiānsheng
那位先生	nèi wèi xiānsheng

'位'는 높이고 싶은 사람을 나타내는 양사(量词)이다.

这位	zhèi wèi	이 분
那位	nèi wèi	저 분
哪位	něi wèi	어느 분
几位	jǐ wèi	몇 분

'一下'

'一下'는 원래 '한 번'이라는 뜻이다. 이는 우리말 '한 번'의 용법과 거의 같다.

한 번 만납시다.
한 번 말씀해 보시지요.

이를 보면 우리말 '한 번'은 '꼭 한 번만' 시행하라는 의미는 아니며, 어감을 부드럽게 해준다. 중국어의 '一下'도 이와 같다.

我们准备一下。
Wǒmen zhǔnbèi yīxià.
우리 준비 좀 합시다.

我想休息一下。

Wǒ xiǎng xiūxi yīxià.

나는 (좀) 쉬고 싶군요.

'我来介绍一下'의 '来'

'我来介绍一下'의 '来'는 어떤 동작을 이제 시작하겠다는 화자의 적극성을 나타낸다. 우리말의 '자, 이제 강의를 시작합시다'의 '자', 혹은 '내가 나서서 하지'의 '나서서'와 같다. 그러나 '자'나 '나서서'와 같은 느낌을 줄 뿐이므로 번역할 때 이런 말을 넣을 필요는 없다.

你来念一下生词。

Nǐ lái niàn yīxià shēngcí.

네가 (나서서) 새 단어를 한 번 읽어보렴.

我们来研究一下吧。

Wǒmen lái yánjiū yīxià ba.

우리가 (나서서) 한 번 궁리해 봅시다.

'就'는 '바로, 곧'과 같이 강조를 표시한다.

这就是你的书。

Zhè jiù shì nǐ de shū.

이것이 바로 너의 책이다.

这儿就是我们学校。

Zhèr jiù shì wǒmen xuéxiào.

여기가 바로 우리 학교입니다.

勇敢就是智慧。

Yǒnggǎn jiù shì zhìhuì.

용기가 바로 지혜이다.

忍耐就是力量。

Rěnnài jiù shì lìliang.

인내가 바로 힘이다.

'吧'는 화자의 추측을 나타내는 어기조사이다.

他不懂中文吧。

Tā bù dǒng Zhōngwén ba.

그 사람은 중국어를 모를 겁니다.

这是他的书吧

Zhè shì tā de shū ba.

이것은 그의 책일 것입니다.

자 습 문 제

다음을 중국어로 말해 보시오.

A   안녕하세요? 당신은 중국인인가요?

B   네, 그렇습니다. 당신은요?

A   저는 한국인입니다. 이름이 무엇인가요?

B   저는 李华입니다.

A   저도 姓이 李입니다. 李平이지요.

B   저 분은 누구십니까?

A   저 분은 우리 영어선생님입니다.

B   아, 저 분이 바로 김 선생님이시군요!

A   맞아요, 저 분이 金平 선생입니다.

B   안녕하세요? 金平 선생님.

怎么走?

1 请问，韩国大使馆在什么地方?
Qǐng wèn, Hánguo Dàshǐguǎn zài shénme dìfang?

2 亮马河。
Liàngmǎ hé.

3 去亮马河怎么走?
Qù Liàngmǎ hé zěnme zǒu?

4 一直往前走，走十分钟就到了。
Yīzhí wǎng qián zǒu, zǒu shífēnzhōng jiù dào le.

5 谢谢!
Xièxie!

6 不谢。
Bù xiè

1 한국 대사관이 어디에 있습니까?
2 량마 허에 있습니다.
3 량마 허는 어떻게 가나요?
4 곧장 앞으로 가세요, 십 분 걸으시면 도착하게 됩니다.
5 감사합니다!
6 별말씀을요.

단어

九	jiǔ	9, 아홉
请问	qǐng wèn	말씀 좀 여쭙겠습니다
地方	dìfang	곳, 지점
大使馆	dàshǐguǎn	대사관
在	zài	있다
亮马河	Liàngmǎ hé	량마허(지명)
怎么	zěnme	어떻게
走	zǒu	걷다, 가다
一直	yìzhí	줄곧
往	wǎng	…로, …를 향하여
前	qián	앞
分钟	fēnzhōng	분, 분 동안
到	dào	도착하다
谢谢	xièxie	감사합니다
不谢	bù xiè	'谢谢'에 대한 인사말

[请问]

请问，赵小姐在哪儿？
Qǐng wèn, Zhào xiǎojie zài nǎr?
말씀 좀 묻겠습니다, 자오 양은 어디에 있습니까?

请问，北京站怎么走？
Qǐng wèn, Běijīngzhàn zěnme zǒu?
죄송합니다. 베이징역은 어떻게 갑니까?

请问，李先生在这儿吗？
Qǐng wèn, Lǐ xiānsheng zài zhèr ma?
저기요, 리 선생님 여기 계십니까?

[什么]

这是什么？
Zhè shì shénme?
이것은 무엇입니까?

你什么时候去？
Nǐ shénme shíhou qù?
당신은 언제 가십니까?

这是什么意思？
Zhè shì shénme yìsi?
이건 무슨 뜻으로 하는 겁니까?

[怎么]

● ●

北京站怎么走？
Běijīngzhàn zěnme zǒu?
베이징역은 어떻게 가지요?

他不来怎么办？
Tā bù lái zěnme bàn?
그 사람이 안 오면 어떻게 하지요?

这个字怎么念？
Zhè ge zì zěnme niàn?
이 글자는 어떻게 읽지요?

[一直]

● ●

一直往东走。
Yīzhí wǎng dōng zǒu.
곧장 동쪽으로 가세요.

最近天气一直很热。
Zuìjìn tiānqì yīzhí hěn rè.
요즘 날씨가 계속 더웠어요.

这件事我一直不知道。
Zhè jiàn shì wǒ yīzhí bù zhīdao.
이 일에 대해 나는 내내 모르고 있었어요.

[往]

你往哪儿寄信？
Nǐ wǎng nǎr jì xìn?
어디로 편지를 보내십니까?

你往哪儿打电话？
Nǐ wǎng nǎr dǎ diànhuà?
어디로 전화를 거십니까?

你往哪儿发传真？
Nǐ wǎng nǎr fā chuánzhēn?
어디로 팩스를 보내십니까?

'请'

명령문의 맨 앞에 와서 화자의 겸손을 나타낸다. 영어의 'please'에 해당한다.

> 请进!
> Qǐng jìn!
> 들어오세요!

> 请坐!
> Qǐng zuò!
> 앉으세요!

> 请喝茶!
> Qǐng hē chá!
> 차 드세요!

'请问'

묻는 말의 맨 앞에 와서 화자의 겸손을 나타낸다. 영어의 'excuse me'에 해당한다.

> 请问, 北京站怎么走?
> Qǐng wèn, Běijīng zhàn zěnme zǒu?
> 말씀 좀 묻겠습니다. 베이징역은 어떻게 갑니까?

> 请问, 北京大学怎么走?
> Qǐng wèn, Běijīng Dàxué zěnme zǒu?
> 말씀 좀 묻겠습니다. 베이징 대학은 어떻게 가지요?

'在'

어떤 사물이 어떤 처소에 존재함을 나타낸다. '在'가 사용되는 문형은 다음과 같다.

'존재하는 사람이나 사물 + 在 + 존재하는 처소'

他在上海。
Tā zài Shànghǎi.
그 사람은 상해에 있습니다.

'上海'는 처소이다. 그러나 '너의 책이 나에게 있다'와 같은 경우를 보자.

＊你的书在我。
Nǐ de shū zài wǒ.

중국어 '我'는 처소를 나타내지 못한다. 이렇게 처소를 나타낼 수 없는 단어는 '在'의 빈어가 될 수 없다. 이러한 단어가 '在'의 빈어가 되려면 단어가 처소화되어야 한다. 단어에 '这儿, 那儿'을 부가하면 그 단어는 처소화된다.

你的书在我这儿。
Nǐ de shū zài wǒ zhèr.
네 책은 나한테 있어.

你的书在黄先生那儿。
Nǐ de shū zài Huáng xiānsheng nàr.
네 책은 황 선생님한테 있어.

'怎么'

방식이나 원인을 묻는 의문대사이다.

去图书馆怎么走?
Qù túshūguǎn zěnme zǒu?
도서관은 어떻게 가지요?(방식)

感冒了，怎么办?
Gǎnmàole, zěnme bàn?
감기 걸렸는데 어떻게 할까요?(방식)

他怎么不来?

Tā zěnme bù lái?

그 사람은 왜 안 오지요? (원인)

你今天怎么这么忙?

Nǐ jīntiān zěnme zhème máng?

넌 오늘 왜 이렇게 바쁘니? (원인)

'一直'

'계속, 줄곧, 연이어'의 뜻이다.

天气一直很热。

Tiānqì yīzhí hěn rè.

날씨가 계속 덥네요.

我这几天一直很忙。

Wǒ zhè jǐ tiān yīzhí hěn máng.

나는 이 며칠 계속 바빴답니다.

'往'

동작이 이동하는 방향을 나타내는 개사(介詞)이다.

往我这儿看。

Wǎng wǒ zhèr kàn.

제 쪽을 보세요.

往后退一步!

Wǎng hòu tuì yī bù!

뒤로 한 발 물러서세요!

'走十分钟'

'走十分钟'과 같이 술어 다음에 시량보어가 오면, 그 시간 내내 그 동사의 행위가 끊이지 않고 진행됨을 나타낸다.

你在北京住了多久?

Nǐ zài Běijīng zhùle duōjiǔ?

당신은 북경에서 얼마나 살았습니까?

三年。

Sān nián.

삼년 살았습니다.

你学汉语学了多久?

Nǐ xué Hànyǔ xuéle duō jiǔ?

너는 중국어를 얼마 동안 배웠니?

一年。

Yī nián.

일년 배웠어.

'谢谢'와 '对不起'

중국인은 습관적으로 '谢谢'와 '对不起(duìbuqǐ : 미안합니다, 죄송합니다)'라는 말을 자주 사용한다. '谢谢'는 영어의 'Thank you!', '对不起'는 영어의 'I am sorry.'와 사용빈도가 거의 같다. 이에 비하여 우리는 '감사합니다', '죄송합니다'라는 말을 자주 사용하지 않는다. 중국어를 배운다면 '谢谢'와 '对不起'를 항상 말할 수 있도록 연습해두이야 한다.

자 습 문 제

다음을 중국어로 말해 보시오.

A 말씀 좀 묻겠습니다. 북경역을 어떻게 가나요?
B 곧장 앞으로 가세요. 오분 걸으시면 됩니다.
A 감사합니다.
B 별말씀을요.

A 말씀 좀 묻겠습니다. 김 선생님은 어디 계시나요?
B 저는 잘 모르겠는데요.
A 李小姐는 어디 있습니까?
B 저 사람이 바로 李小姐입니다.
A 감사합니다.
B 별말씀을요.

A 말씀 좀 묻겠습니다. 우체국이 어디 있지요?
B 편지를 부치시려고요?
A 네.
B 오른쪽으로 계속 가시면 그곳에 우체국이 있습니다.
   (右边儿 yòubiānr : 오른쪽)
A 감사합니다.
B 별말씀을요.

说汉语

1 你会不会说汉语？
Nǐ huì bù huì shuō Hànyǔ?

2 会一点儿，刚开始学。
Huì yīdiǎnr, gāng kāishǐ xué.

3 在哪儿学呢？
Zài nǎr xué ne?

4 在人民大学。
Zài Rénmín Dàxué.

5 每天有几节汉语课？
Měitiān yǒu jǐ jié Hànyǔ kè?

6 三、四节。
Sān-sì jié.

1 중국어 할 줄 아십니까?
2 조금 할 줄 압니다, 막 배우기 시작했거든요.
3 어디에서 배우시는데요?
4 런민대학에서요.
5 매일 중국어 수업이 몇 시간 있나요?
6 서너 시간 있습니다.

단어

十	shí	10, 열
会	huì	할 줄 알다
刚	gāng	막, 방금
开始	kāishǐ	시작하다
在	zài	…에서
人民大学	Rénmín Dàxué	런민대학
几	jǐ	얼마
节	jié	강의시간, 수업 시간

[会]

你会骑车吗?

Nǐ huì qí chē ma?

당신은 자전거 탈 줄 아십니까?

你会不会说英语?

Nǐ huì bù huì shuō Yīngyǔ?

영어 할 줄 아시나요?

→ 不会。

　　Bù huì.

　　모릅니다

→ 会一点儿。

　　Huì yīdiǎnr.

　　조금 할 줄 압니다.

[刚]

刚下课。

Gāng xià kè.

막 수업이 끝났습니다.

刚下班。

Gāng xià bān.

막 퇴근하였습니다.

刚回来。

Gāng huílai.

막 돌아왔습니다.

[在1]

丽君不在北京。
Lì Jūn bù zài Běijīng.
리쥔은 북경에 있지 않습니다.

火车站在前面。
Huǒchēzhàn zài qiánmian.
기차역은 앞쪽에 있습니다.

你的书在桌子上。
Nǐ de shū zài zhuōzi shang.
당신 책은 책상 위에 있습니다.

[在2]

他在公园散步。
Tā zài gōngyuán sànbù.
그는 공원에서 산책을 합니다.

他在图书馆等你。
Tā zài túshūguǎn děng nǐ.
그는 도서관에서 당신을 기다립니다.

他在北京学汉语。
Tā zài Běijīng xué Hànyǔ.
그는 북경에서 중국어를 공부합니다.

124

[课]

每周有几节英语课?
Měi zhōu yǒu jǐ jié Yīngyǔ kè?
매주 영어 강의가 몇 강의 있습니까?

每周有几门课?
Měi zhōu yǒu jǐ mén kè?
매주 몇 과목 강의가 있습니까?

每周有四门课。
Měi zhōu yǒu sì mén kè.
매주 네 과목 있습니다.

一. 汉语拼音字母의 표기법

우리말 '서너 개', '대여섯 개'와 같이 중국어에서도 연속된 수사가 개략적인 수를 나타낼 수 있다. 이러한 경우에는 연속된 수사 사이에 '–' 표시를 한다.

五、六个 (wǔ–liù ge)　　七、八个 (qī–bā ge)

二. 본문 설명

'会'는 배운 결과로 얻은 가능성을 나타낸다.

他会说英语。
Tā huì shuō Yīngyǔ.
(영어를 배웠기에) 그는 영어를 할 줄 안다.

他会打乒乓球。
Tā huì dǎ pīngpāngqiú.
(탁구를 배웠기에) 그는 탁구를 칠 줄 안다.

'会'의 부정형은 '不会'이다.

他会不会说英语？
Tā huì bù huì shuō Yīngyǔ?
그는 영어를 할 줄 압니까?

→不会。
　Bù huì.
　(영어를 배우지 않아서) 영어를 못합니다.

他会不会打乒乓球？
Tā huì bù huì dǎ pīngpāngqiú?
그는 탁구를 칠 줄 압니까?

→会一点儿。
Huì yīdiǎnr.
(탁구를 배워서) 탁구를 약간 칩니다.

'说汉语'는 '중국어를 말하다'라는 뜻이다.

他会说外语。
Tā huì shuō wàiyǔ.
그는 외국어를 할 줄 안다.

他会说韩语。
Tā huì shuō Hányǔ.
그는 한국어를 할 줄 안다.

他会说英语。
Tā huì shuō Yīngyǔ.
그는 영어를 할 줄 안다.

他会说日语。
Tā huì shuō Rìyǔ.
그는 일본어를 할 줄 안다.

他会说台语。
Tā huì shuō Táiyǔ.
그는 대만어를 할 줄 안다.

'(一)点儿'

동사나 형용사 뒤에 사용되어 수량이 적거나 경미한 정도를 나타낸
다. 일반적으로 '一'는 생략된다.

请你再吃点儿。
Qǐng nǐ zài chī diǎnr.
좀 더 드시지요.

请你慢点儿说。
Qǐng nǐ màn diǎnr shuō.
좀 천천히 말씀하십시오.

明天早点儿来!
Míngtiān zǎo diǎnr lái!
내일은 좀 일찍 오십시오!

'在'

'在'가 개사로 사용되면 처소사를 개사빈어로 취하여 동사 앞에 위치한다.

父亲在工厂工作。
Fùqin zài gōngchǎng gōngzuò.
아버님은 공장에서 근무하십니다.

你们在车站等我吧。
Nǐmen zài chēzhàn děng wǒ ba.
너희들은 정류장에서 나를 기다리렴.

他在这儿做什么事?
Tā zài zhèr zuò shénme shì?
그는 여기서 무슨 일을 하십니까?

'多少'

수량을 묻는 의문대사이다.

你的电话号码是多少?
Nǐ de diànhuà hàomǎ shì duōshao?
전화번호가 몇 번이에요?

你的手机是多少号?
Nǐ de shǒujī shì duōshao hào?
당신 휴대전화가 몇 번입니까?

你有多少钱？

Nǐ yǒu duōshao qián?

돈이 얼마나 있어요?

앞뒤의 수를 연이어 말하면 대략적인 수를 표시할 수 있다.

一、两天	yī-liǎng tiān	하루 이틀
一、两个小时	yī-liǎng ge xiǎoshí	한두 시간
四、五百块钱	sì-wǔ bǎi kuài qián	사오백 원

자 습 문 제

다음을 중국어로 말해 보시오.

A   내 책이 어디 있지?

B   책상 위에 있잖아.

A   넌 중국어 할 줄 아니?

B   조금 하는데.

A   이 글자는 어떻게 읽지?

B   잘 모르겠는걸.

A   누가 알까?

B   玛丽가 알거야. (玛丽 Mǎlì : 인명)

A   玛丽는 어디서 중국어를 배우지?

B   북경대학에서 배우고 있어.

A   그녀는 미국사람이야?

B   아니야, 영국 사람이라고.(英国人 Yīngguoren : 영국인)

A   玛丽의 전화번호가 몇 번이야?

B   난 모르는데.

送朋友

1 明天我不能去见你。
Míngtiān wǒ bù néng qù jiàn nǐ.

2 为什么？
Wèishénme?

3 我要去火车站送朋友。
Wǒ yào qù huǒchēzhàn sòng péngyou.

4 几点的火车？
Jǐdiǎn de huǒchē?

5 下午四点一刻。
Xiàwǔ sì diǎn yī kè.

6 晚上呢？
Wǎnshang ne?

7 晚上可以。
Wǎnshang kěyǐ.

8 那我们晚上见。
Nà wǒmen wǎnshang jiàn.

1 내일은 너를 만나러 갈 수가 없어.
2 왜?
3 친구 배웅하러 기차역에 가야 하거든.
4 몇 시 기차인데?
5 오후 네 시 십오 분이야.
6 저녁에는 어때?
7 저녁에는 괜찮아.
8 그럼 우리 저녁에 보자고.

단어

能	néng	할 수 있다
见	jiàn	만나다
送	sòng	배웅하다, 전송하다, 보내다, 주다
几点	jǐ diǎn	몇 시
点	diǎn	시
下午	xiàwǔ	오후
刻	kè	15분
晚上	wǎnshang	저녁

132

[能]

你能来吗?
Nǐ néng lái ma?
당신은 올 수 있습니까?

你能不能来?
Nǐ néng bù néng lái?
당신은 올 수 있습니까 없습니까?

教室里不能抽烟。
Jiàoshì li bù néng chōuyān.
교실에서는 담배 피우면 안됩니다.

教室里不能戴帽子。
Jiàoshì li bù néng dài màozi.
교실에서는 모자 쓰면 안됩니다.

[연동문]

他们去邮局干什么?
Tāmen qù yóujú gàn shénmc?
그들은 뭐하러 우체국에 가시지요?

弟弟去餐厅吃饭。
Dìdi qù cāntīng chī fàn.
남동생은 식당에 가서 식사를 합니다.

你坐火车去上海吗?
Nǐ zuò huǒchē qù Shànghǎi ma?
당신은 기차를 타고 상해에 갑니까?

133

[送]

我送你。
Wǒ sòng nǐ.
제가 바래다 드리지요.

不用送了, 请回吧。
Bùyòng sòng le, qǐng huí ba.
배웅하실 필요없어요, 들어가세요.

那我就不送了。
Nà wǒ jiù bù sòng le.
그럼 멀리 안 나가겠습니다.

[인사말]

下午见。
Xiàwǔ jiàn.
오후에 봅시다.

明天见。
Míngtiān jiàn.
내일 봅시다.

我们上海见。
Wǒmen Shànghǎi jiàn.
우리 상하이에서 봅시다.

我们北京见。
Wǒmen Běijīng jiàn.
우리 베이징에서 봅시다.

'能'

'能'은 가능을 나타내는 조동사이다. '会'는 배운 결과로 얻은 가능성을 나타내지만, '能'은 본래 그러한 능력을 갖추고 있으므로 가능하다는 것을 나타낸다.

他能跑二十公里。
Tā néng pǎo èrshí gōnglǐ.
그는 20킬로를 뛸 수 있다.(그는 그런 능력이 있다)

他能喝三瓶啤酒。
Tā néng hē sān píng píjiǔ.
그는 맥주를 세 병 마실 수 있다.(그는 그런 능력이 있다)

'能'에는 허가를 나타내는 기능이 있다.

这儿能抽烟。
Zhèr néng chōuyān.
여기서는 담배를 피워도 된다.(이곳은 금연구역이 아니므로)

'能'의 부정형은 '不能'이다. '不能'은 금지를 나타내는 경우가 있다.

你不能喝酒。
Nǐ bù néng hē jiǔ.
너는 술을 마시면 안된다.(너는 병이 있으므로)

这里不能抽烟。
Zhèli bù néng chōuyān.
이곳에서는 담배를 피워서는 안된다.(이곳은 금연 지역이므로)

'能不能'은 의문형이다.

你能不能来?
Nǐ néng bù néng lái?
당신은 올 수 있습니까?

你能不能参加?

Nǐ néng bù néng cānjiā?

당신은 참가할 수 있습니까?

'去见你'와 '去火车站送朋友'에는 동사가 연이어 나와 있다.

이러한 문형은 동작의 목적, 동작의 선후(先後), 동작의 방식을 나타 낸다.

他去医院看病。

Tā qù yīyuàn kàn bìng.

그는 진료를 받으러 병원에 간다.

('병원에 가는' 목적이 '진료를 받는 것'이다.)

想办法通知你。

Xiǎng bànfǎ tōngzhī nǐ.

방법을 생각해서 알려 드리겠습니다.

('想'이 선행동작이며, '通知'가 후행동작이다.)

他坐飞机去英国。

Tā zuò fēijī qù Yīngguó.

그는 비행기를 타고 영국에 간다.

('영국에 가는' 방식이 '비행기를 타고 가는 것'이다.)

시각을 표시할 때는 '点', 분을 표시할 때는 '分'을 사용한다.

一点零五分	yī diǎn líng wǔ fēn	1시 5분
七点四十(分)	qī diǎn sìshí (fēn)	7시 40분
十点五十五(分)	shí diǎn wǔshíwǔ (fēn)	10시 55분

'刻'를 사용하여 15분 단위를 나타낼 수 있다. '一刻'는 '15분', '三 刻'는 '45분'을 뜻한다. 그러나 '30분'을 '两刻'라고 말하지는 않 는다.

| 一点一刻 | yī diǎn yī kè | 1시 15분 |
| 五点三刻 | wǔ diǎn sān kè | 5시 45분 |

'半'을 사용하여 '30분'을 나타낼 수 있다.

| 七点半 | qī diǎn bàn | 7시 반 |
| 十点半 | shí diǎn bàn | 10시 반 |

'差'를 사용하여 앞으로의 시간을 나타낼 수 있다.

| 差五分一点 | chà wǔ fēn yī diǎn | 1시 5분전 |
| 差一刻五点 | chà yī kè wǔ diǎn | 5시 15분전 |

'可以'는 허락을 나타낸다.

你问什么问题都可以。
Nǐ wèn shénme wèntí dōu kěyǐ.
당신은 무슨 문제를 물어도 괜찮습니다.

明天你可以休息休息。
Míngtiān nǐ kěyǐ xiūxi xiuxi.
내일은 좀 쉬셔도 됩니다

我可以用电话吗?
Wǒ kěyǐ yòng diànhuà ma?
전화를 써도 됩니까?

자 습 문 제

A 내일 오전에는 赵先生을 보러 갑시다.
B 난 갈 수가 없는데.
A 왜 못가는 거지?
B 나는 일이 좀 있거든.
A 그럼 오후에는 어때?
B 오후 몇 시?
A 세 시 반이면 어떨까?
B 좋아요. 그럼 세시 반에 만나러 갑시다.
A 그럼 내일 보자고.
B 그래 내일 만나.

什么时候回去?

1 你什么时候回去?
Nǐ shénme shíhou huíqu?

2 七月十五号。
Qī yuè shíwǔ hào.

3 放假了没有?
Fàngjià le méi yǒu?

4 还没呢,下星期五才开始放假。
Hái méi ne, xià xīngqīwǔ cái kāishǐ fàngjià.

5 这个星期天你要做什么?
Zhè ge xīngqītiān nǐ yào zuò shénme?

6 复习功课,下星期一期末考试。
Fùxí gōngkè, xià xīngqīyī qīmòkǎoshì.

7 噢,那好好儿复习吧。再见!
Ō, nà hǎohāor fùxí ba. Zàijiàn!

8 再见!
Zàijiàn!

1 당신은 언제 돌아갑니까?

2 칠월 십오일입니다.

3 방학은 하셨나요?

4 아직 안 했습니다. 다음 주 금요일에야 방학이 시작됩니다.

5 이번 주 일요일엔 뭐 하실 거예요?

6 복습해야죠. 다음 주 월요일에 기말시험이 있거든요.

7 아, 그럼 복습 잘 하세요. 또 봅시다!

8 안녕히 가세요.

단어

回去	huíqu	돌아가다
月	yuè	월, 달
号	hào	일, 날
放假	fàngjià	방학하다
下	xià	다음
星期	xīngqī	주
才	cái	비로소
开始	kāishǐ	시작하다
星期天	xīngqītiān	일요일
复习	fùxí	복습하다
功课	gōngkè	수업
星期一	xīngqīyī	월요일
期末考试	qīmòkǎoshì	기말고사
好好儿	hǎohāor	잘

140

[什么时候]

你什么时候回来？
Nǐ shénme shíhou huílai?
당신은 언제 돌아오십니까?

他什么时候回去？
Tā shénme shíhou huíqu?
그는 언제 돌아갑니까?

你什么时候放假？
Nǐ shénme shíhou fàngjià?
당신은 언제 방학합니까?

他什么时候搬家？
Tā shénme shíhou bānjiā?
그는 언제 이사합니까?

[数]

一,	二,	三,	四,	五,	六,	七,	八,	九,	十,
yī,	èr,	sān,	sì,	wǔ,	liù,	qī,	bā,	jiǔ,	shí,
1,	2,	3,	4,	5,	6,	7,	8,	9,	10,

十一,	十五,	十六,	二十,	二十一,	二十五,
shíyī,	shíwǔ,	shíliù,	èrshí,	èrshíyī,	èrshíwǔ,
11,	15,	16,	20,	21,	25,

二十六,	三十,	四十,	五十,	六十,	九十,
èrshíliù,	sānshí,	sìshí,	wǔshí,	liùshí,	jiǔshí,
26,	30,	40,	50,	60,	90,

百, 千, 万, 万万 (亿)
bǎi, qiān, wàn, wànwàn(yì)
100, 1000, 10000, 1억

[日子]

六月一号是国际儿童节。
Liùyuè yīhào shì Guójì Értóngjié.
6월 1일은 세계 어린이날입니다.

弟弟的生日是五月三号。
Dìdi de shēngrì shì wǔyuè sānhào.
동생의 생일은 5월 3일입니다.

十月一号是国庆节。
Shíyuè yīhào shì Guóqìngjié.
10월 1일은 국경일입니다.

一月一号是元旦。
Yīyuè yīhào shì yuándàn.
1월 1일은 원단입니다.

[···了没有?]

他来了没有？
Tā lái le méi yǒu?
그 사람이 왔습니까?

→ 来了。
　 Lái le.
　 왔습니다.

他回去了没有？
Tā huíqu le méi yǒu?
그 사람이 돌아갔습니까?

→ 还没呢。
　Hái méi ne.
　아직 안 돌아갔습니다.

你写信了没有？
Nǐ xiě xìn le méi yǒu?
편지 쓰셨습니까?

→ 没有。
　Méi yǒu.
　안 썼습니다.

[星期]

今天星期一。
Jīntiān xīngqīyī.
오늘은 월요일입니다.

明天个是周末。
Míngtiān bù shì zhōumò.
내일은 주말이 아닙니다.

后天不是星期四。
Hòutiān bù shì xīngqīsì.
모레는 목요일이 아닙니다.

143

[才]

怎么办才好呢？
Zěnme bàn cái hǎo ne?
어떻게 해야 (비로소) 좋겠습니까?

去年我才开始学汉语。
Qùnián wǒ cái kāishǐ xué Hànyǔ.
작년에야 나는 비로소 중국어를 배우기 시작했다.

'回去'

'去'는 '回'의 방향을 나타낸다. 이와 같이 동사 다음에 '来, 去'가 와서 동작이 진행되는 방향을 나타낼 수 있다. 화자 쪽으로 전개되는 동작에는 '来', 화자로부터 멀어지는 동작에는 '去'가 온다. 이러한 경우의 '来, 去'를 단순방향보어(單純方向補語)라고 한다. 방향보어는 경성으로 발음한다.

上来	shànglai	올라오다
上去	shàngqu	올라가다
下来	xiàlai	내려오다
下去	xiàqu	내려가다
回来	huílai	돌아오다
回去	huíqu	돌아가다
出来	chūlai	나오다
出去	chūqu	나가다
进来	jìnlai	들어오다
进去	jìnqu	들어가다
过来	guòlai	지나오다
过去	guòqu	지나가다

위와 같이 하나의 동사와 단순방향보어가 결합된 형태를 복합방향보어라고 한다. 복합방향보어는 다시 다른 동사 뒤에 올 수 있다. 복합방향보어는 경성으로 표기하고 경성으로 발음한다.

跑上来	pǎo shanglai	뛰어 올라오다
跑上去	pǎo shangqu	뛰어 올라가다
掉下来	diào xialai	떨어져 내려오다
掉下去	diào xiaqu	떨어져 내려가다
走回来	zǒu huilai	걸어 돌아오다
走回去	zǒu huiqu	걸어 돌아가다

走出来	zǒu chulai	걸어 나오다
走出去	zǒu chuqu	걸어 나가다
走进来	zǒu jinlai	걸어 들어오다
走进去	zǒu jinqu	걸어 들어가다
拿过来	ná guolai	가지고 오다
拿过去	ná guoqu	가지고 가다

연월일의 표현

公元一九九九年	gōngyuán yījiǔjiǔjiǔ nián	서기 1999년
公元二〇〇〇年	gōngyuán èrlínglínglíng nián	서기 2000년
公元前999年	gōngyuánqián jiǔjiǔjiǔ nián	기원전 999년

前年	qiánnián	재작년
去年	qùnián	작년
今年	jīnnián	금년
明年	míngnián	내년
后年	hòunián	내후년

一月	yīyuè	1월
二月	èryuè	2월
三月	sānyuè	3월
....		
十一月	shíyīyuè	11월
十二月	shíèryuè	12월

上(个)月	shàng(ge)yuè	지난 달
这(个)月	zhè(ge)yuè	이번 달
下(个)月	xià(ge)yuè	다음 달

星期天	xīngqītiān	일요일
星期一	xīngqīyī	월요일
星期二	xīngqī'èr	화요일
星期三	xīngqīsān	수요일
星期四	xīngqīsì	목요일
星期五	xīngqīwǔ	금요일
星期六	xīngqīliù	토요일

'星期' 대신 '礼拜(lǐbài)'를 사용할 수도 있으며, '星期天'은 '星期日'라고 말할 수도 있다.

上(个)星期	shàng(ge)xīngqī	지난 주
这(个)星期	zhè(ge)xīngqī	이번 주
下(个)星期	xià(ge)xīngqī	다음 주

'星期' 앞에 '个'를 넣어 '上个星期, 这个星期, 下个星期'라고 말할 수도 있다. 날짜는 다음과 같이 표시한다.

一号	yīhào	1일
二号	èrhào	2일
三号	sānhào	3일
....		
三十号	sānshíhào	30일

前天	qiántiān	그제
昨天	zuótiān	어제
今天	jīntiān	오늘
明天	míngtiān	내일
后天	hòutiān	모레

'没(有)'는 과거의 행위를 부정한다. '有'는 생략할 수 있다.

他们没(有)来。
Tāmen méi(yǒu) lái.
그들은 오지 않았다.

他们没(有)去。
Tāmen méi(yǒu) qù.
그들은 가지 않았지요.

他们没(有)写信。
Tāmen méi(yǒu) xiě xìn.
그들은 편지를 쓰지 않았답니다.

他们没(有)买东西。
Tāmen méi(yǒu) mǎi dōngxi.
그들은 물건을 사지 않았습니다.

'동사 + 了 + 没有'는 과거 행위를 묻는 의문문이다.

他们来了没有?
Tāmen lái le méi yǒu?
그들이 왔나요?

他们去了没有?
Tāmen qù le méi yǒu?
그들이 갔습니까?

他们写信了没有?
Tāmen xiě xìn le méi yǒu?
그들은 편지를 썼답니까?

'还没…呢'

'还没…呢'는 동작이나 상황이 아직 이루어지지 않았지만 곧 이루어
진다는 느낌을 주는 어형이다.

他还没来呢。
Tā hái méi lái ne.
그 사람은 아직 안 왔습니다.

第十课还没学呢。
Dì shí kè hái méi xué ne.
10과는 아직 배우지 않았어요.

我今天还没看报呢。
Wǒ jīntiān hái méi kàn bào ne.
나는 오늘 아직 신문을 안 봤어요.

'好好儿'

단음절 형용사 '好'가 반복된 후 '儿'이 첨가되어 부사화된 것이다. 이렇게 부사화된 단어는 첫 번째 음절은 원래대로 발음하며, 두 번째 음절은 1성으로 발음한다.

好好儿学习!
Hǎohāor xuéxí!
공부 잘 하십시오!

好好儿睡觉!
Hǎohāor shuìjiào!
잘 자거라!

慢慢儿跑!
Mànmānr pǎo!
천천히 뛰세요!

慢慢儿写!
Mànmānr xiě!
천천히 쓰세요!

자 습 문 제

다음을 중국어로 말해 보시오.

A 黃小姐는 언제 돌아갑니까?

B 내일입니다.

A 당신은 그녀를 전송하러 갈건가요?

B 저는 일이 좀 있어서 갈 수가 없네요.

A 무슨 일인데요?

B 다음 주에는 기말시험이 있거든요.

A 趙先生은 돌아가셨나요?

B 아직 안 가셨습니다.

A 언제 가십니까?

B 언제 가는지는 제가 모릅니다.

去王府井坐几路车？

1 请问，去王府井坐几路车？
Qǐng wèn, qù Wángfǔjǐng zuò jǐ lù chē?

2 103路。
Yāolíngsān lù.

3 车站在哪儿？
Chēzhàn zài nǎr?

4 前边就是。
Qiánbian jiù shì.

5 顺便打听一下，东安市场怎么走？
Shùnbiàn dǎtīng yīxià, Dōng'ān shìchǎng zěnme zǒu?

6 你先到王府井，然后再打听打听！
Nǐ xiān dào Wángfǔjǐng, ránhòu zài dǎtīng dǎtīng!

7 谢谢。
Xièxie.

8 不客气。
Bùkèqi.

1 왕푸징에 가려면 몇 번 버스를 타야 됩니까?
2 103번 버스를 타세요.
3 정류장은 어디에 있나요?
4 바로 앞이지요.
5 묻는 김에 한 번 더 묻겠습니다. 뚱안시장은 어떻게 갑니까?
6 먼저 왕푸징에 가셔서 다시 한 번 물어보세요!
7 고맙습니다.
8 별말씀을요.

단어

王府井	Wángfǔjǐng	왕푸징(지명)
路	lù	(버스노선의) 번호
前边	qiánbian	앞쪽
顺便	shùnbiàn	…하는 김에
打听	dǎtīng	물어보다
东安	Dōng'ān	뚱안(지명)
市场	shìchǎng	시장
先	xiān	우선, 먼저
然后	ránhòu	…한 후에
不客气	bùkèqi	별말씀을, 천만에요

[坐]

坐车
zuò chē
차를 타다

坐船
zuò chuán
배를 타다

坐火车
zuò huǒchē
기차를 타다

坐飞机
zuò fēijī
비행기를 타다

坐出租车
zuò chūzūchē
택시를 타다

坐公共汽车
zuò gōnggòngqìchē
버스를 타다

坐错车了。
Zuòcuò chē le.
차를 잘못 탔군요.

坐对了。
Zuòduì le.
차를 제대로 탔어요.

坐反了。
Zuòfǎn le.
차를 반대 방향으로 탔어요.

[顺便]

顺便带你去。
Shùnbiàn dài nǐ qù.
이 김에 너를 데리고 가지.

顺便来看看你。
Shùnbiàn lái kànkan nǐ.
이 김에 잠깐 보러 왔습니다.

我们顺便吃点儿东西。
Wǒmen shùnbiàn chī diǎnr dōngxi.
우리 이 김에 뭘 좀 먹읍시다.

这本书你顺便带回去。
Zhè běn shū nǐ shùnbiàn dài huíqu.
이 김에 책을 가지고 돌아갑시다.

[先…, 然后…]

先休息一下，然后再讨论。
Xiān xiūxi yīxià, ránhòu zài tǎolùn.
좀 쉬었다가 토론합시다.

先讨论一下，然后再决定。
Xiān tǎolùn yīxià, ránhòu zài juédìng.
토론 좀 해 보고 나서 결정합시다.

先去上海，然后去杭州。
Xiān qù Shànghǎi, ránhòu qù Hángzhōu.
상하이 먼저 갔다가 항저우로 갑니다.

[谢谢 1]
● ●

谢谢！
Xièxie!
고맙습니다!

→ 不谢！
　Bù Xiè!
　고맙기는요!

→ 不客气！
　Bù kèqi!
　별말씀을!

→ 不用谢！
　Bù yòng xiè!
　별말씀을요!

[问]
● ●

我问他去不去。
Wǒ wèn tā qù bù qù.
나는 그에게 갈 것인지 안 갈 것인지를 물었다.

我问他怎么不来。
Wǒ wèn tā zěnme bù lái.
나는 그에게 왜 안 오느냐고 물었다.

我问他什么时候走。
Wǒ wèn tā shénme shíhou zǒu.
나는 그에게 언제 가느냐고 물었다.

我问他能不能喝酒。
Wǒ wèn tā néng bù néng hē jiǔ.
나는 그에게 술을 마실 수 있느냐고 물었다.

[到]

他到哪儿去了?
Tā dào nǎr qù le?
그 사람 어디 갔습니까?

→ 到美国去了。
　Dào Měiguó qù le.
　미국에 갔습니다.

→ 到中国去了。
　Dào Zhōngguó qù le.
　중국에 갔지요.

[再]

再喝一杯!
Zài hē yī bēi!
한 잔 더 드세요!

再来一个!
Zài lái yī ge!
하나 더 부탁합니다!

明天再来吧！
Míngtiān zài lái ba!
내일 다시 오세요!

过两天再说吧！
Guò liǎngtiān zài shuō ba!
며칠 뒤에 다시 봅시다!

[谢谢 2]

● ●

谢谢大家。
Xièxie dàjiā.
여러분 고맙습니다.

谢谢你的好意。
Xièxie nǐ de hǎoyì.
호의에 감사드립니다.

谢谢你帮我的忙。
Xièxie nǐ bāng wǒ de máng.
도와 주셔서 감사합니다.

你谢谢叔叔了吗？
Nǐ xièxie shūshu le ma?
아저씨한테 고맙다고 인사드렸니?

[客气]

● ●

您坐，别客气。
Nín zuò, bié kèqi.
앉으세요, 사양 마시고요.

157

那我就不客气了。
Nà wǒ jiù bù kèqi le.
그러면 사양 않겠습니다.

别客气，有什么问题就告诉我！
Bié kèqi, yǒu shénme wèntí jiù gàosu wǒ!
사양하지 마시고, 문제가 있으면 저에게 말씀하세요.

都是自己人，你客气什么呀！
Dōu shì zìjǐrén, nǐ kèqi shénme ya!
다 아는 사이인데 뭘 그렇게 사양하세요.

'请问'

무엇인가를 물을 때는 습관적으로 '请问'을 먼저 말하는 것이 좋다. '请问先生, 请问小姐'와 같이 묻는 대상을 넣어 말할 수도 있다.

버스 번호는 모두 '路'를 사용한다.

58路	wǔshíbā lù	58번 버스
73路	qīshísān lù	73번 버스

자동차, 기차, 배, 비행기를 타는 동작은 '坐', 자전거를 타는 동작은 '骑'로 나타낸다.

坐车	zuò chē	자동차를 타다
坐火车	zuò huǒchē	기차를 타다
骑车	qí chē	자전거를 타다

'边'

'前边'의 '前'은 방위사이며, '边'은 방위사에 부가되어 '(그) 쪽'을 나타낸다. 이렇게 방위사와 '边'이 결합하면 복합방위사가 된다. 북 경어에서는 '边' 뒤에 '儿'을 붙여 말한다. 방위사 뒤의 '边'은 경성으로 발음한다. 그러나 '旁边'의 '边'은 1성으로 발음한다.

上边(儿)	shàngbian(r)	위쪽
下边(儿)	xiàbian(r)	아래쪽
左边(儿)	zuǒbian(r)	왼쪽
右边(儿)	yòubian(r)	오른쪽
前边(儿)	qiánbian(r)	앞쪽
后边(儿)	hòubian(r)	뒤쪽
里边(儿)	lǐbian(r)	안쪽

外边(儿)	wàibian(r)	바깥쪽
旁边(儿)	pángbiān(r)	옆쪽

이러한 복합방위사는 다른 말의 수식을 받을 수 있다.

学校右边(儿)	xuéxiào yòubian(r)	학교 오른쪽
车站后边(儿)	chēzhàn hòubian(r)	정거장 뒤쪽
公司旁边(儿)	gōngsī pángbiān(r)	회사 옆
东门旁边(儿)	dōngmén pángbiān(r)	동문 옆

'问问'

'问问'과 같이 동사가 중첩되면, 동작의 진행 시간이 짧거나, 동작이 여러번 반복되거나, 그 동작을 가볍게 시도하는 것을 나타낸다. 동사가 단음절이면 동사 사이에 '一'가 들어갈 수 있다. 쌍음절이면 '一'가 들어갈 수 없다.

我看(一)看, 好吗?
Wǒ kàn (yi) kàn, hǎo ma?
내가 좀 봐도 될까요?

你问(一)问老师!
Nǐ wèn (yi) wèn lǎoshī!
선생님께 여쭈어 보렴!

我们休息休息!
Wǒmen xiūxi xiūxi!
우리 좀 쉽시다!

'不客气'

상대가 겸손하거나 어색해하거나 혹은 너무 예의를 갖춘다고 생각되는 경우에 사용하는 겸양어이다. 중국에서는 대단히 많이 사용되는 말이므로 반드시 이 말의 용법을 익혀두어야 한다. 예를 들면 주인이, 너무 어색해 하거나 너무 예의를 차리려는 손님에게 말할 수도 있으며, 너무 잘 대접하려는 주인에게 손님이 말할 수도 있다.

'坐错, 坐反'의 '错'와 '反'은 결과보어(結果補語)이다.

결과보어는 행위의 결과를 나타낸다. 일반적으로 중국어의 동작동사는 동작 자체만을 나타낼 뿐, 그 동작의 결과를 나타내지 않는다.

> 每天早上他都看书。
> Měitiān zǎoshang tā dōu kàn shū.
> 매일 아침 그는 책을 본다.

이 문장의 '看'은 '보는 동작'만 나타낼 뿐, 책을 다 보았는지 혹은 보다가 중단했는지는 알 수 없다. 그러므로 다 보았다는 결과를 나타내기 위해서는 결과보어를 사용해야 한다.
'完'은 동작의 완료를 나타내는 결과보어이다.

写完	xiěwán	다 쓰다
做完	zuòwán	다 하다
吃完	chīwán	다 먹다

결과보어는 동사나 형용사이다. 결과보어는 동사의 바로 뒤에 온다.
'错'도 결과보어이다.

> 我看错了。
> Wǒ kàncuò le.
> 내가 잘못 봤다.

> 我想错了。
> Wǒ xiǎngcuò le.
> 내가 잘못 생각했다.

我回答错了。
Wǒ huídá cuò le.
내가 잘못 대답했다.

결과보어는 대단히 다양하다. '着(zháo), 住(zhù)'도 결과보어이다.
'着'는 행위의 목적이 달성되었음을 나타낸다.

那本词典, 你找着了吗?
Nèi běn cídiǎn nǐ zhǎozháo le ma?
너는 사전을 찾았니?

→ 找着了。
Zhǎozháo le.
찾아냈지요.

'找了'는 '사전을 찾는 동작이 발생했다'는 것만을 나타낸다. 그러
므로 그가 서가를 뒤져보는 등의 '찾는 행위'를 한 것은 분명하다.
그러나 그 결과 그가 사전을 과연 찾아냈는지 못 찾아냈는지는 이것
으로 알 수 없다. '着'는 결과보어로서 '找'의 목적인 '찾아내는 것'
이 달성되었음을 나타낸다. 그러므로 '找着了'와 같이 말해야만 사
전을 찾아낸 것이 표현된다.
'住'는 동작을 통하여 사람이나 사물이 어떤 처소에 머물게 됨을 나
타낸다.

你一定要记住我的话。
Nǐ yīdìng yào jìzhù wǒ de huà.
너는 내가 한 말을 반드시 기억하고 있어야 해.

자 습 문 제

다음을 중국어로 말해 보시오.

A 王先生, 당신은 몇 번 버스를 타야 합니까?

B 234번입니다.

A 어디로 가시는데요?

B 영화 하나 보고 시장 가서 물건 좀 사려고요.

A 王先生, 한국인 徐先生 아시지요?(认识 rènshi : 사람 등을 알다)

B 네, 압니다. 그저께 돌아왔지요?

A 맞아요, 영화보고 시장 가시는 김에 그 사람 좀 데리고 가시면 어때요?

B 좋습니다. 그런데 지금 徐先生 (Xú xiānsheng)이 집에 있을까요?

A 제가 전화해서 물어보지요.

B 전화 하시면 그 사람이 아주 좋아할 겁니다.

   (高兴 gāoxìng : 좋아하다)

咱们怎么去?

1 咱们怎么去学校?
Zánmen zěnme qù xuéxiào?

2 走着去吧。
Zǒuzhe qù ba.

3 太远了,恐怕来不及吧?
Tài yuǎn le, kǒngpà láibují bǎ?

4 那就去坐公共汽车吧。
Nà jiù qù zuò gōnggòngqìchē ba.

5 中途要换车,不太方便。
Zhōngtú yào huàn chē, bù tài fāngbiàn.

6 坐出租,怎么样?
Zuò chūzū, zěnmeyàng?

7 不行,北京车这么多,堵得厉害。
Bù xíng, Běijīng chē zhème duō, dǔ de lìhai.

8 还是骑车去好。
Háishi qí chē qù hǎo.

1 우리는 무얼 타고 학교에 갈까요?

2 걸어 갑시다.

3 너무 멀어요, 아무래도 늦을 것 같지요?

4 그럼, 버스를 타고 가지요.

5 도중에 차를 갈아 타야하니까 불편할텐데요.

6 택시를 타는 건 어때요?

7 안 됩니다. 베이징에는 차가 너무 많아서 지독하게 막히거든요.

8 아무래도 자전거를 타고 가는 게 낫겠어요.

단어

远	yuǎn	멀다
恐怕	kǒngpà	아무래도…일 것 같다
来不及	láibují	…에 늦다, 미처 …하지 못하다
中途	zhōngtú	도중에, 중간에
换	huàn	바꾸다
方便	fāngbiàn	편리하다
堵	dǔ	길이나 교통이 막히다
得	de	결과나 정도를 나타내는 보어를 연결하는 조사
厉害	lìhai	심하다
还是	háishi	아무래도, 역시

[去]

咱们怎么去？
Zánmen zěnme qù?
우리 무얼 타고 갈까요?

→ 坐飞机去就好了。
　Zuò fēijī qù jiù hǎo le.
　비행기를 타고 가면 좋겠습니다.

咱们怎么走？
Zánmen zěnme zǒu?
우리는 어떻게 가나요?

→ 一直往东走。
　Yī zhí wǎng dōng zǒu.
　곧장 동쪽으로 갑니다.

[着]

走着去吧。
Zǒuzhe qù ba.
걸어 갑시다.

别躺着看书!
Bié tǎngzhe kàn shū!
누워서 책 보지 마라!

别戴着帽子吃饭!
Bié dàizhe màozi chī fàn!
모자 쓰고 밥 먹지 마라!

[远]

邮局离这儿远吗?
Yóujú lí zhèr yuǎn ma?
우체국이 여기서 멉니까?

邮局离这儿远不远?
Yóujú lí zhèr yuǎn bù yuǎn?
우체국이 여기서 멉니까, 멀지 않습니까?

→ 很远。
　 Hěn yuǎn.
　 멉니다.

→ 不远。
　 Bù yuǎn.
　 멀지 않습니다.

→ 不太远。
　 Bù tài yuǎn.
　 별로 멀지 않습니다.

→ 远不了多少。
　 Yuǎn bù liǎo duōshao.
　 얼마 멀지 않습니다.

[来不及]

今天你来不及回去了。
Jīntiān nǐ láibují huíqu le.
오늘 너 돌아가기에는 늦었다.

167

来不及告诉他这件事了。
Lái bu jí gàosu tā zhè jiàn shì le.
그에게 이 일을 알려주기에는 늦었습니다.

八点的火车来不及了。
Bā diǎn de huǒchē láibují le.
여덟시 기차를 타기에는 늦었습니다.

你马上去还来得及。
Nǐ mǎshàng qù hái láidejí.
빨리 가면 아직 시간에 닿을 수 있습니다.

[得]

他今天起得很早。
Tā jīntiān qǐ de hěn zǎo.
그는 오늘 일찍 일어났다.

他汉语说得很好。
Tā Hànyǔ shuō de hěn hǎo.
그는 중국어를 잘 한다.

他回答得不对。
Tā huídá de bù duì.
그는 틀리게 대답했다.

我写得不清楚。
Wǒ xiě de bù qīngchu.
내가 분명치 않게 썼다.

他回答得对不对？
Tā huídá de duì bù duì?
그의 대답이 맞습니까?

今天你起得早不早?
Jīntiān nǐ qǐ de zǎo bù zǎo?
오늘 일찍 일어나셨습니까?

他汉字写得好不好?
Tā Hànzì xiě de hǎo bù hǎo?
그는 한자를 잘 씁니까?

他篮球打得怎么样?
Tā lánqiú dǎ de zěnmeyàng?
그 사람은 농구를 잘 합니까?

'咱们'과 '我们'

모두 '우리'라는 뜻이다. 그러나 이들의 용법은 다르다. '咱们'은 화자와 청자가 모두 포함되는 '우리'를 가리키고, '我们'은 청자가 포함되지 않는 화자만의 '우리'를 가리킨다.

> (1) 咱们去散散步吧!
> Zánmen qù sànsanbù ba!
> 우리 산보하러 갑시다!

> (2) 我们要去散步, 你们呢?
> Wǒmen yào qù sànbù, nǐmen ne?
> 우리는 산보 가려고 하는데 당신들은요?

(1)은 화자와 청자가 모두 산보를 하러 가자는 말이다. 그러나 (2)는 화자만 산보를 가는 것이다. 그러나 요즈음에는 '我们'이 화자와 청자를 모두 가리키는 용법으로도 많이 사용된다.

'着'

동사 뒤에 '着'가 오면 동작이나 상태가 지속되고 있음을 나타낸다. '走着'는 걷는 동작이 지속되는 것을 나타낸다. '동사+着'는 흔히 동작의 방식을 나타내므로 '走着去'는 '걷는 동작이 지속되는 상태에서 가는 행위', 즉 '걸어 가다'가 된다. '동사1+着+동사2'에서 동사2의 동작은 반드시 동사1의 동작이 지속되는 상황하에서만 발생한다.

> 他躺着听音乐。
> Tā tǎngzhe tīng yīnyuè.
> 그는 누워서 음악을 듣습니다.

> 他站着看书。
> Tā zhànzhe kàn shū.
> 그는 서서 책을 봅니다.

'走着去'의 '走着'는 '걷는 행위가 지속되고 있음'을 나타낸다. 그러나 경우에 따라서 '着'는 동사의 행위가 이미 이루어진 후, 그 상태가 계속 지속되고 있음을 나타내기도 한다.

教室的门开着。
Jiàoshì de mén kāizhe.
교실 문이 열려 있다.

妹妹穿着一条新裙子。
Mèimei chuānzhe yī tiáo xīn qúnzi.
여동생이 새 치마를 입고 있다.

'开'는 '문을 여는 동작' 자체를 나타낸다. '开着'는 문을 여는 행위의 결과로 문이 열렸고, 현재도 그 상태가 지속되고 있음을 나타낸다. '穿着'도 '입는 동작'이 끝난 이후, 그 입은 상태가 지속되고 있음을 나타낸다.
지속 표시의 '着'가 나오는 문장은 '没(有)…着'로 부정된다.

教室的门没有开着。
Jiàoshì de mén méi yǒu kāizhe.
교실 문이 열려 있지 않다.

妹妹没有穿着新裙子。
Mèimei méi yǒu chuānzhe xīn qúnzi.
여동생은 새 치마를 입고 있지 않다.

문미에 '没有'를 사용하여 의문문을 만들 수 있다.

门开着没有？
Mén kāizhe méi yǒu?
문이 열려 있나요?

墙上挂着画没有？
Qiángshang guàzhe huà méi yǒu?
벽에 그림이 걸려 있나요?

'吧'

동사술어문의 문미에 '吧'가 나오면 명령문이 되어 청구, 권고, 재촉
을 나타낸다. '吧'가 사용되면 어기가 비교적 부드러워진다.

你告诉我吧!
Nǐ gàosu wǒ ba!
저에게 말해 주세요!

我们快走吧!
Wǒmen kuài zǒu ba!
우리 빨리 갑시다!

咱们现在开始吧!
Zánmen xiànzài kāishǐ ba!
우리 지금 시작합시다!

'恐怕'

추측을 나타내는 부사이다.

他两天没来上班了, 恐怕病了。
Tā liǎngtiān méi lái shàngbān le, kǒngpà bìng le.
그 사람이 이틀 동안 출근을 안 한 걸 보니 아무래도 병이 났나봐요.

已经这么晚了, 恐怕没有公共汽车了。
Yǐjīng zhème wǎn le, kǒngpà méi yǒu gōnggòngqìchē le.
벌써 이렇게 늦었으니 아무래도 버스가 끊겼을 것 같습니다.

'来得及'

동사와 결과보어 사이에 '得'가 들어가면 가능을 나타낸다. 이 경우
에 '得' 뒤에 나오는 보어를 가능보어라고 한다. 가능보어는 동작이
이루어질 수 있음을 나타낸다.

吃完	chīwán	다 먹다
吃得完	chī de wán	다 먹을 수 있다

看清楚	kàn qīngchu	분명하게 보다
看得清楚	kàn de qīngchu	분명하게 볼 수 있다
听懂	tīngdǒng	알아 듣다
听得懂	tīng de dǒng	알아 들을 수 있다

가능보어임을 나타내는 '得'를 '不'로 바꾸면 가능보어의 부정형이 된다.

吃不完	chī bù wán	다 먹을 수 없다
看不清楚	kàn bù qīngchu	분명하게 볼 수 없다
听不懂	tīng bù dǒng	알아 들을 수 없다

'来不及'는 '来得及'의 부정형으로써, '시간 내에 올 수 없다'라는 뜻이 된다.

가능보어의 긍정형과 부정형을 병렬시키면 의문문이 된다.

你来得及来不及?
Nǐ lái de jí láibují?
시간에 맞출 수 있겠습니까?

你吃得完吃不完?
Nǐ chī de wán chī bù wán?
니 다 먹을 수 있니, 없니?

他说的话你听得懂听不懂?
Tā shuō dc huà nǐ tīng de dǒng tīng bù dǒng?
그 사람이 하는 말을 당신은 알아들을 수 있나요 없나요?

'堵得厉害'

정도보어가 사용된 예이다. 동사나 형용사 뒤에 나와서 동작이나 상태의 정도를 설명하는 보어를 정도보어라고 한다. 동사 및 형용사와 정도보어 사이에는 '得'가 온다. 이 어형은 외형상 가능보어와 동일하다. 그러나 가능보어는 단독의 동사나 형용사임에 비하여 정도보

어는 정도부사 등의 수식을 받을 수 있고, 경우에 따라서는 문장일
수도 있다.

来得晚	lái de wǎn	늦게 왔다
来得早	lái de zǎo	일찍 왔다
堵得厉害	dǔ de lìhai	심하게 막힌다

정도보어는 수식을 받을 수 있다.

他跑得很快。
Tā pǎo de hěn kuài.
그는 아주 빨리 달린다.

你们睡得太晚。
Nǐmen shuì de tài wǎn.
너희들은 너무 늦게 잠을 잔다.

정도보어는 부정될 수 있다.

他跑得不很快。
Tā pǎo de bù hěn kuài.
그는 달리는 속도가 아주 빠르지는 않다.

我们睡得不太晚。
Wǒmen shuì de bù tài wǎn.
우리들은 그다지 늦게 잠을 자는 것은 아니다.

정도보어의 긍정형과 부정형을 병렬시켜 의문문을 만들 수 있다.

他跑得快不快？
Tā pǎo de kuài bù kuài?
그 사람은 빠르게 달립니까?

你们睡得晚不晚？
Nǐmen shuì de wǎn bù wǎn?
너희들은 늦게 잠을 자니?

정도보어가 사용된 문장에 빈어(賓語)가 오면 '동사+빈어+동사+정도보어'의 형태를 취하여 동사를 반복한다.

他打球打得很好。
Tā dǎ qiú dǎ de hěn hǎo.
그 사람은 공을 잘 칩니다.

他说汉语说得很流利。
Tā shuō Hànyǔ shuō de hěn liúlì.
그 사람은 중국어를 유창하게 합니다.

'还是'

'아무래도, 그래도'의 의미로 사용되는 부사이다.

还是星期日去好。
Háishi xīngqīrì qù hǎo.
아무래도 일요일에 가는 것이 좋겠다.

还是这件衣服颜色好。
Háishi zhè jiàn yīfu yánsè hǎo.
아무래도 이 옷 색깔이 낫다.

'离'

개사(介詞)로서, 공간 혹은 시간상의 출발점을 나타낸다.

我家离学校很远。
Wǒ jiā lí xuéxiào hěn yuǎn.
우리 집은 학교에서 멀어요.

离上课还有五分钟。
Lí shàngkè hái yǒu wǔ fēnzhōng.
수업 시작까지는 아직 5분 남았다.

자 습 문 제

다음을 중국어로 말해 보시오.

A   우리는 모두 학교에 가는데, 당신들은 어디로 갑니까?

B   우리는 모두 기차역에 갑니다.

A   무얼 타고 갑니까?

B   걸어 가지요. 역은 여기서 아주 가깝습니다.

    (近 jìn : 가깝다)

A   여행을 가시나요?

B   네, 먼저 상해에 갔다가 북경으로 갑니다.

A   준비는 잘 하셨나요?

B   준비야 기가 막히게 잘 했지요. 문제는 날씨입니다.

A   이번 주는 날씨가 별로 좋지 않습니다. 아무래도 다음 주에 가는 것이 좋을 것 같은데요.

B   먼저 상해에 가서 다시 결정을 하겠습니다.

打电话

1 请问，公用电话在哪儿？
Qǐngwèn, gōngyòngdiànhuà zài nǎr?

2 就在邮局旁边儿。
Jiù zài yóujú pángbiānr.

3 喂，是中文系吗？
Wèi, shì Zhōngwénxì ma?

4 是的，您找哪一位？
Shì de, nín zhǎo nǎ yī wèi?

5 我找黄老师。
Wǒ zhǎo Huáng lǎoshī.

6 对不起，他不在。 您过一会儿再打吧。
Duìbuqǐ, tā bù zài. Nín guò yīhuìr zài dǎ ba.

7 好，谢谢您。
Hǎo, xièxie nín.

8 不客气。
Bùkèqi.

1 말씀 좀 묻겠습니다. 공중전화가 어디 있습니까?
2 바로 우체국 옆에 있는데요.
3 여보세요! 중문과입니까?
4 그렇습니다. 누구를 찾으십니까?
5 황 선생님을 찾습니다.
6 미안합니다, 안 계십니다. 조금 있다가 다시 걸어보세요.
7 네, 감사합니다.
8 뭘요.

단어

公用电话	gōngyòngdiànhuà	공중전화
喂	wèi	여보세요
中文系	Zhōngwénxì	중어중문학과
一会儿	yīhuìr	잠시, 잠깐

[在]
∙ ∙

电话亭在哪儿？
Diànhuàtíng zài nǎr?
전화 부스는 어디 있습니까?

小卖部在哪儿？
Xiǎomàibù zài nǎr?
구내 매점은 어디 있습니까?

[존재문]
∙ ∙

黄老师在教室里。
Huáng lǎoshī zài jiàoshì li.
황 선생님은 교실에 계신다.

我家在邮局旁边儿。
Wǒ jiā zài yóujú pángbiānr.
우리 집은 우체국 옆에 있다.

教室里有人。
Jiàoshì li yǒu rén.
교실에는 사람이 있다.

医院旁边儿有十一路公车。
Yīyuàn pángbiānr yǒu shíyī lù gōngchē.
병원 옆에 11번 버스가 있다.

[电话1]

喂，您好！是东方航空吗？
Wèi, nín hǎo! Shì Dōngfāng Hángkōng ma?
여보세요! 안녕하세요? 거기가 東方항공입니까?

喂，您好！是韩国大使馆吗？
Wèi, nín hǎo! Shì Hánguó Dàshǐguǎn ma?
여보세요! 한국 대사관입니까?

喂，您好！今天办公吗？
Wèi, nín hǎo! Jīntiān bàngōng ma?
여보세요! 안녕하십니까? 오늘 업무를 보나요?

[电话2]

我找黄小姐。
Wǒ zhǎo Huáng xiǎojie.
황 양을 찾습니다.

请王先生接电话。
Qǐng Wáng xiānsheng jiē diànhuà.
왕 선생님 좀 바꿔 주십시오.

麻烦您，我找张主任。
Máfan nín, wǒ zhǎo Zhāng zhǔrèn.
미안하지만 장 주임님 부탁합니다.

劳驾，请换一下王经理。
Láojià, qǐng huàn yīxià Wáng jīnglǐ.
죄송하지만 왕 사장님 좀 바꿔주십시오.

[一会儿]

你要不要休息一会儿？
Nǐ yào bù yào xiūxi yīhuìr?
좀 쉬시겠습니까?

现在我要休息一会儿。
Xiànzài wǒ yào xiūxi yīhuìr.
지금 난 좀 쉬어야겠습니다.

请您等一会儿。
Qǐng nín děng yīhuìr.
잠시만 기다려 주십시오.

过一会儿，他就会回来。
Guò yīhuìr, tā jiù huì huílai.
잠시만 있으면 돌아오실 겁니다.

[再]

有空再来吧！
Yǒu kòng zài lái ba!
시간나면 또 오십시오!

吃完饭再谈吧。
Chīwán fàn zài tán ba.
밥 먹고 나서 얘기합시다.

做完再休息吧。
Zuòwán zài xiūxi ba.
먼저 일을 끝내고 쉽시다.

'喂'

'喂'는 원래 4성이지만 전화 등에서와 같이 사람을 부르는 경우에는 2성으로 발음한다.

'哪'의 용법을 알아두자.

哪 (一) 位	nǎ(yi)wèi	어떤 분
哪 (一) 个	nǎ(yi)ge	어느 것
哪 (一) 本	nǎ(yi)běn	어떤 책
哪 (一) 种	nǎ(yi)zhǒng	어떤 종류

'对不起'

'对不起'는 '谢谢'와 함께 가장 많이 사용되는 말의 하나이다. '对不起'와 비슷한 말로 '抱歉(bàoqiàn)'이 있다. '对不起'는 화자가 자신의 잘못으로 말미암아 미안한 것을 나타내며, '抱歉'은 화자가 잘못한 것은 없지만 도덕적으로 미안하다는 것을 나타낸다.

'过一会儿'

'过一会儿'은 '동사+시량보어(時量補語)'의 형태이다. 시량보어는 동사의 뒤에 와서 동작이나 상태가 지속되는 시간을 나타낸다.

我要休息半个钟头。
Wǒ yào xiūxi bàn ge zhōngtóu.
나는 30분간 쉬려고 해요.

我每天工作八个小时。
Wǒ měitiān gōngzuò bā ge xiǎoshí.
나는 매일 8시간씩 일합니다.

만약 빈어와 시량보어가 동시에 나오는 경우에는 동사를 반복하여 '동사+빈어+동사+시량보어'의 형태를 취한다.

我锻炼身体锻炼一个小时。
Wǒ duànliàn shēntǐ duànliàn yī ge xiǎoshí.
나는 1시간 운동을 합니다.

我看小说看了一个下午。
Wǒ kàn xiǎoshuō kànle yī ge xiàwǔ.
나는 오후 내내 소설을 보았습니다.

我找她找了半个小时了。
Wǒ zhǎo tā zhǎole bàn ge xiǎoshí le.
내가 그녀를 30분간 찾고 있습니다.

위 형태의 문장에서 빈어는 동사 뒤에 올 수도 있다. 이 경우에 빈어가 칭호이거나 인칭대사와 같이 사람을 가리키는 것이라면 그 빈어는 시량보어의 앞에 온다.

她等了你一个小时了。
Tā děngle nǐ yī ge xiǎoshí le.
그녀가 너를 한 시간 동안 기다리고 있어.

你认识赵小姐几年了？
Nǐ rènshi Zhào xiǎojie jǐ nián le?
당신이 자오 양을 안 지 몇 년이나 되었지요?

빈어가 사람을 가리키는 것이 아니라면 그 빈어는 시량보어의 뒤에 온다. 이 경우에 시량보어와 빈어 사이에는 '的'가 올 수도 있다.

我学了一个学期(的)汉语。
Wǒ xuéle yī ge xuéqī (de) Hànyǔ.
나는 한 학기 동안 중국어를 배웠어요.

我们打了半个小时(的)排球。
Wǒmen dǎ le bàn ge xiǎoshí (de) páiqiú.
우리는 30분 동안 배구를 했어요.

'来, 去, 离开, 毕业'와 같이 동작의 지속성이 없는 동사가 시량보어를 대동하면 동작의 발생으로부터 어느 정도의 시간이 흘렀는지를 나타낸다. 만약 빈어가 있다면 그 빈어는 시량보어의 앞에 온다.

他来二十分钟了。
Tā lái èrshí fēnzhōng le.
그가 온 지 20분이 되었다.

他回去二十分钟了。
Tā huíqu èrshí fēnzhōng le.
그가 돌아간 지 20분이 되었다.

他来中国半年了。
Tā lái Zhōngguó bàn nián le.
그가 중국에 온 지 6개월이 되었다.

他去北京一个星期了。
Tā qù Běijīng yī ge xīngqī le.
그가 베이징에 간 지 일주일이 되었다.

'过一会儿'

'조금 후에'라는 뜻이다. 口語에서는 이 말 대신 '待会儿'도 많이 사용된다.

我现在不饿，待会儿再吃。
Wǒ xiànzài bù è, dài huìr zài chī.
나는 지금 배가 안 고파요, 조금 있다 먹을래요.

你先忙吧，待会儿我再来。
Nǐ xiān máng ba, dài huìr wǒ zài lái.
먼저 바쁜 일 보세요, 조금 있다가 다시 올게요.

'哪儿'

'这儿, 那儿'과 마찬가지로 처소를 나타낸다. '儿' 대신 '里'가 사용되기도 한다.

这儿/这里 (zhèr/zhè li)	이곳, 여기
那儿/那里 (nàr/nà li)	저곳, 저기
哪儿/哪里 (nǎr/nǎ li)	어느 곳, 어디

존재문

사물의 존재를 나타내는 문장을 존재문이라고 한다. 존재문에는 '在' 존재문과 '有' 존재문의 두 종류가 있다. '在' 존재문은 '사물+在+처소'의 형식을 취하고, '有' 존재문은 '처소+有+사물'의 형식을 취한다.

(1) 他在教室里。
　　Tā zài jiàoshì li.
　　그 사람은 교실에 있다.

(2) 教室里有人。
　　Jiàoshì li yǒu rén.
　　교실에 사람이 있다.

(1)의 주어는 한정적인 명사 '他'이다. 한정적 사물의 존재를 나타낼 때는 '在' 존재문을 사용한다. (2)에서 존재하는 사물은 '人'이다. 화자나 청자는 이 '사람'이 어떤 사람인지 모른다. 따라서 '人'은 비한정적 사물이다. 비한정적 사물의 존재를 나타낼 때는 '有' 존재문을 사용한다. 그러므로 다음은 틀린 문장이다.

＊人在教室里。
＊教室里有他。

자 습 문 제

다음을 중국어로 말해 보시오.

A 실례합니다. 공중전화가 어디 있습니까?
B 도서관 앞에 있는데요.
A 도서관은 어떻게 가지요?
B 곧바로 앞으로 가시면 됩니다.
A 감사합니다.
B 별말씀을요.

– 전화 내용 –

A 여보세요. 거기가 한국대사관입니까?
B 그렇습니다. 누구를 찾으십니까?
A 왕 선생님을 찾는데요.
B 죄송합니다. 지금 안 계시네요. 조금 후에 다시 거시겠
   습니까?
A 알았습니다. 감사합니다.
B 감사합니다.

没想到在这儿会遇上你!

1 这不是李红吗？
Zhè bù shì Lǐ Hóng ma?

2 哟，你是金明吧。
Yō, nǐ shì Jīn Míng ba.

3 你是什么时候来的？
Nǐ shì shénme shíhou lái de?

4 七月份来的。
Qī yuè fèn lái de.

5 哦，一别就是十年，没想到在这儿
Ó, yī bié jiù shì shí nián, méi xiǎngdào zài zhèr

会遇上你!
huì yùshàng nǐ!

6 我也很意外。你工作怎么样？
Wǒ yě hěn yìwài. Nǐ gōngzuò zěnmeyàng?

7 跟以前差不多。这星期天到我家来玩儿吧!
Gēn yǐqián chàbuduō. Zhè xīngqītiān dào wǒ jiā lái wánr ba!

8 好啊! 我一定去。
Hǎo a! Wǒ yīdìng qù.

1 이거 리훙 아닌가요?

2 아! 당신은 …진밍이군요.

3 언제 오셨습니까?

4 7월에 왔습니다.

5 야아, 헤어지고 10년만이네요. 여기서 만나리라고는 생각 못했습니다.

6 나도 뜻밖입니다. 하시는 일은 어떻습니까?

7 예전이랑 비슷합니다. 이번 주 일요일에 우리 집에 놀러오시지요.

8 좋습니다. 꼭 가겠습니다.

단어

李红	Lǐ Hóng	리훙(인명)
哟	yō	앗! 아니!
金明	Jīn Míng	진밍(인명)
月份	yuèfèn	월, 달
哦	ó	아! 오!
一 … 就	yī … jiù …	…하자마자 곧…하다
别	bié	헤어지다, 이별하다
想到	xiǎngdào	생각이 미치다
会	huì	…일 것이다
遇上	yùshàng	만나다
意外	yìwài	의외
以前	yǐqián	이전, 예전
差不多	chàbuduō	비슷하다
一定	yīdìng	반드시, 꼭

[这不是]

这不是李老师吗？
Zhè bù shì Lǐ lǎoshī ma?
리 선생님 아니세요?

→ 哟！你是金华吧！
　Yo! Nǐ shì Jīn Huá ba!
　아, 너 진화구나!

她不是巩俐吗？
Tā bù shì Gǒng Lì ma?
저 여자 꽁리아냐?

→ 对，她就是电影明星巩俐。
　Duì, tā jiù shì diànyǐng míngxīng Gǒng Lì.
　맞아, 저 여자가 바로 영화 배우 꽁리야.

['是…的' 句]

他是去年来的。
Tā shì qùnián lái de.
그는 작년에 왔습니다.

我是昨天来的。
Wǒ shì zuótiān lái de.
저는 어제 왔습니다.

她是五月份来的。
Tā shì wǔyuèfèn lái de.
그녀는 5월에 왔습니다.

189

[一…就]

我一看就认出你了。
Wǒ yī kàn jiù rènchū nǐ le.
나는 한 눈에 너를 알아봤어.

他一唱歌就紧张。
Tā yī chàng gē jiù jǐnzhāng.
그는 노래하기만 하면 긴장한다.

她一看到我就脸红。
Tā yī kàndào wǒ jiù liǎn hóng.
그녀는 나만 보면 얼굴이 붉어진다.

[没想到]

我没想到你会来。
Wǒ méi xiǎngdào nǐ huì lái.
나는 네가 오리라고는 생각지도 못했어.

没想到今天这么热。
Méi xiǎngdào jīntiān zhème rè.
오늘 이렇게 더우리라고는 생각지도 못했어.

没想到你也喜欢爬山。
Méi xiǎngdào nǐ yě xǐhuān páshān.
너도 등산을 좋아하리라고는 생각지도 못했어.

那是谁也没想到的事情。
Nà shì shéi yě méi xiǎngdào de shìqing.
그건 누구도 생각하지 못했던 일이야.

[跟]

你跟他一起去吧。
Nǐ gēn tā yīqǐ qù ba.
네가 그와 함께 가거라.

我跟他一起吃吧。
Wǒ gēn tā yīqǐ chī ba.
제가 그 사람과 함께 먹지요.

我要跟你商量那件事。
Wǒ yào gēn nǐ shāngliang nà jiàn shì.
나는 너와 그 일을 상의해야겠다.

[一定]

好啊！我一定去。
Hǎo a! Wǒ yīdìng qù.
좋아요! 꼭 가겠습니다.

你们一定要按时来。
Nǐmen yīdìng yào ànshí lái.
너희들은 반드시 시간을 지켜 와야 한다.

他一定不会听你的。
Tā yīdìng bù huì tīng nǐ de.
그는 결코 당신 말을 듣지 않을 것입니다.

'这不是…吗?'

반어문이다. 이 반어문은 '이거 (누구) 아니세요?' 와 같이 인사말로
사용되기도 하며, 진정한 반어문으로 사용되기도 한다.

这不是李国吗?
Zhè bù shì Lǐ Guó ma?
이 사람 리궈아닌가?

'吧'는 문장의 끝에 와서 명령의 어기를 나타낸다.

你放心吧。
Nǐ fàngxīn ba.
안심하세요.

咱们走吧。
Zánmen zǒu ba.
우리 갑시다.

'吧' 는 문장의 끝에 와서 추측의 어기를 나타내기도 한다.

你没去过中国吧?
Nǐ méi qùguo Zhōngguó ba?
중국에 가본 적 없으시지요?

那个班有三十个人吧。
Nà ge bān yǒu sānshí ge rén ba.
그 반에는 30명이 있을거야.

'是…的'

동작 발생의 시간, 지점, 방식 혹은 도구 등을 강조한다. '是' 는 강조
하려는 부분의 바로 앞에 위치하며 생략할 수도 있다. '的' 는 일반적
으로 문장의 끝에 위치한다. '是…的' 형은 과거 사실에만 사용된다.

他(是)前天来的。

Tā (shì) qiántiān lái de.

그 사람은 그제 왔다.

这个录音机(是)在友谊商店买的。

Zhè ge lùyīnjī (shì) zài Yǒuyì shāngdiàn mǎi de.

이 녹음기는 우의상점에서 샀다.

他(是)跟阿里一起去的。

Tā (shì) gēn Āli yīqǐ qù de.

그는 아리와 함께 갔다.

这封信(是)用钢笔写的。

Zhè fēng xìn (shì) yòng gāngbǐ xiě de.

이 편지는 만년필로 썼다.

빈어가 있으면 '的'는 빈어의 앞에 위치할 수도 있다.

她(是)坐火车去上海的。

Tā (shì) zuò huǒchē qù Shànghǎi de.

그녀는 기차를 타고 상하이에 갔다.

她(是)坐火车去的上海。

Tā (shì) zuò huǒchē qù de Shànghǎi.

그녀는 기차를 타고 상하이에 갔다.

'是…的'의 부정형은 '不是…的'이다. 이 경우에는 '是'가 생략될 수 없다.

他不是坐飞机来的。

Tā bù shì zuò fēijī lái de.

그는 비행기를 타고 오지 않았다.

这本书不是从图书馆借来的。

Zhè běn shū bù shì cóng túshūguǎn jiè lái de.

이 책은 도서관에서 빌려오지 않았다.

'一 … 就 …'

'…하면 곧…하다' 라는 의미이다.

> 一猜就知道。
> Yī cāi jiù zhīdao.
> 한 번 생각하면 바로 압니다.

> 一看就知道。
> Yī kàn jiù zhīdao.
> 한 번 보면 바로 압니다.

> 一喝就醉，一醉就睡。
> Yī hē jiù zuì, yī zuì jiù shuì.
> 마시면 바로 취하고, 취하면 바로 잡니다.

'想到'

'到'는 동작이 그 목적에 도달하였음을 나타내는 결과보어이다.

> 想到一个人
> xiǎngdào yī ge rén
> 한 사람을 생각했다

> 想到那件事
> xiǎngdào nèi jiàn shì
> 그 일을 생각했다

> 想到过去的生活
> xiǎngdào guòqù de shēnghuó
> 과거의 일을 생각했다

결과보어를 대동하는 말의 부정은 '没(有)'를 사용한다.

> 没想到他会来。
> Méi xiǎngdào tā huì lái.
> 그가 오리라고 생각하지 못했다.

没想到家乡有这么大的变化。

Méi xiǎngdào jiāxiāng yǒu zhème dà de biànhuà.

고향이 변했으리라고는 생각하지 못했다.

'会'는 추측을 나타내는 경우가 있다.

你这样说，她会生气的。

Nǐ zhèyàng shuō, tā huì shēngqì de.

네가 이렇게 말하면 그녀가 화를 낼 거야.

我想明天飞机会按时起飞的。

Wǒ xiǎng míngtiān fēijī huì ànshí qǐfēi de.

나는 내일 비행기가 정각에 이륙할 거라고 생각해.

추정을 나타내는 '会'의 부정형은 '不会'이다. 이는 발생 가능성을 부정한다.

他不会不来。

Tā bù huì bù lái.

그는 안 올 리가 없어.

他很忙，不会去看电影。

Tā hěn máng, bù huì qù kàn diànyǐng.

그는 바빠서 영화 보러 안 갈 거야.

'遇上'의 '上'

결과보어로서 동작이 예기치 않은 결과가 발생했음을 나타내는 경우가 있다.

我在路上遇上了一个朋友。

Wǒ zài lù shang yùshàng le yī ge péngyou

나는 길에서 친구 한 명을 우연히 만났어.

'差不多'

중국인이 많이 사용하는 말 중의 하나이다. '差不多'는 정도 시간 거리 등의 차이가 적거나 거의 같음을 나타낸다.

这两种颜色差不多。
Zhè liǎng zhǒng yánsè chàbuduō.
이 두 가지 색깔은 거의 비슷합니다.

他跟我年龄差不多。
Tā gēn wǒ niánlíng chàbuduō.
그는 나랑 나이가 거의 비슷해요.

'差不多'는 부사로 쓰이기도 한다.

现在差不多快十点了。
Xiànzài chàbuduō kuài shí diǎn le.
이제 거의 10시가 다 되었다.

他来差不多已经三个月了。
Tā lái chàbuduō yǐjīng sān ge yuè le.
그 사람이 온 지 벌써 거의 석 달이 되었다.

他们差不多天天都去图书馆。
Tāmen chàbuduō tiāntiān dōu qù túshūguǎn.
그들은 거의 매일 도서관에 갑니다.

从我家到学校差不多有七公里。
Cóng wǒ jiā dào xuéxiào chàbuduō yǒu qī gōnglǐ.
저의 집에서 학교까지 대략 7킬로미터입니다.

개사 '到'는 도달지점을 나타낸다.

请你到我家来做客。
Qǐng nǐ dào wǒ jiā lái zuò kè.
우리 집에 초대합니다.

请到我家来坐坐。

Qǐng dào wǒ jiā lái zuòzuo.

우리 집에 놀러 오세요.

자 습 문 제

다음을 중국어로 말해 보시오.

A 아니, 이거 王国 아냐?

B 야, 너 赵红이구나.

A 언제 돌아온거야?

B 지난 달에 왔지.

A 중국어는 많이 배웠니?

B 그저 그렇지 뭐.

A 척 들으니 알겠는데 뭐. 너 중국어 많이 늘었는데.

B 무슨 소리, 아직 멀었다.

A 너무 그러지 말라고.

B 격려해줘서 고마워.(鼓励 gǔlì : 격려)

A 일요일에 우리 집에 놀러 와라.

B 미안해, 일이 있거든, 다음 주 일요일에 가면 안 될까?

您看过京剧吗？

1 您看过京剧吗？
Nín kànguo jīngjù ma?

2 没看过。
Méi kànguo.

3 今天晚上人民剧场演京剧。
Jīntiān wǎnshang Rénmín Jùchǎng yǎn jīngjù.

4 是吗，什么戏？
Shì ma, shénme xì?

5 不太清楚。
Bù tài qīngchu.

6 怎么才能知道呢？
Zěnme cái néng zhīdao ne?

7 查一下今天的报纸，上面一定
Chá yīxià jīntiān de bàozhǐ, shàngmiàn yīdìng

有广告。
yǒu guǎnggào.

8 咱们一块儿去看，好吗？
Zánmen yīkuàr qù kàn, hǎo ma

1 경극을 보신 적이 있습니까?

2 아직 본 적이 없는데요.

3 오늘 저녁 인민 극장에서 경극을 공연하거든요.

4 그래요? 무슨 극인데요?

5 잘 모르겠어요.

6 어떻게 해야 알 수 있을까요?

7 오늘 신문을 찾아보면 거기에 분명히 광고가 있을 겁니다.

8 우리 함께 보러 가는 것이 어떨까요?

단어

过	guo	…한 적이 있다
京剧	jīngjù	경극
剧场	jùchǎng	극장
演	yǎn	공연하다
查	chá	조사하다
报纸	bàozhǐ	신문, 신문지
广告	guǎnggào	광고
一块儿	yīkuàir	함께, 같이

[过]

• •

您看过"花木兰"吗？
Nín kànguo "Huāmùlán" ma?
'뮬란'을 보신 적이 있습니까?

你去过中国吗？
Nǐ qùguo Zhōngguó ma?
중국에 가보셨습니까？

你参观过博物馆没有？
Nǐ cānguānguo bówùguǎn méi yǒu?
박물관을 구경한 적이 있습니까？

你上过因特网没有？
Nǐ shàngguo yīntèwǎng méi yǒu?
당신은 인터넷에 들어가 보았습니까？

[没(有)]

• •

还没看过。
Hái méi kànguo.
아직 본 적이 없습니다.

还没去过。
Hái méi qùguo.
아직 가본 적이 없습니다.

还没吃过。
Hái méi chīguo.
아직 먹어본 적이 없습니다.

还没用过。
Hái méi yòngguo.
아직 써 본 적이 없습니다.

[怎么才…]

怎么才能懂呢？
Zěnme cái néng dǒng ne?
어떻게 해야 알 수 있지요?

怎么才能找到呢？
Zěnme cái néng zhǎo dào ne?
어떻게 해야 찾을 수 있지요?

你怎么现在才来呢？
Nǐ zěnme xiànzài cái lái ne?
당신은 왜 이제야 오십니까?

你怎么现在才说呢？
Nǐ zěnme xiànzài cái shuō ne?
당신은 왜 이제야 말씀하십니까?

[一下]

查一下因特网！
Chá yīxià yīntèwǎng!
인터넷을 좀 찾아 보세요!

查一下词典！
Chá yīxià cídiǎn!
사전을 좀 찾아 보세요.!

点一下名!
Diǎn yīxià míng!
출석 한번 부르겠습니다!

休息一下!
Xiūxi yīxià!
잠깐 쉽시다!

[有]

信里有一张相片儿。
Xìn li yǒu yī zhāng xiàngpiànr.
편지 속에는 사진 한 장이 있다.

这儿有很多留学生。
Zhèr yǒu hěn duō líuxuéshēng.
이 곳에는 유학생이 많이 있다.

屋里没有人。
Wū li méi yǒu rén.
방에는 사람이 없다.

教室里没有人。
Jiàoshì li méi yǒu rén.
교실에는 사람이 없다.

[一块儿]

他们一块儿来。
Tāmen yīkuàir lái.
그들은 함께 옵니다.

咱们一块儿上街。
Zánmen yīkuàir shàngjiē.
우리 함께 시내에 갑시다.

大家一块儿吃饭吧。
Dàjiā yīkuàir chīfàn ba.
모두 같이 식사합시다.

你们一块儿去看吧。
Nǐmen yīkuàir qù kàn ba.
너희들 같이 가서 보렴.

[好吗?]

你自己做, 好吗?
Nǐ zìjǐ zuò, hǎo ma?
직접 하시는 것이 어떨까요?

不要打扰我, 好吗?
Bùyào dǎrǎo wǒ, hǎo ma?
방해하지 말아주세요.

请接一下电话, 好吗?
Qǐng jiē yīxià diànhuà, hǎo ma?
전화 좀 받아 보시겠습니까?

吃点儿什么, 好吗?
Chī diǎnr shénme, hǎo ma?
뭘 좀 드시겠습니까?

'看过'

'过'는 과거의 경험을 나타내는 조사이다.

他来过这儿。
Tā láiguo zhèr.
그는 이곳에 온 적이 있다.

他两年前访问过中国。
Tā liǎngnián qián fǎngwènguo Zhōngguó.
그는 2년 전에 중국을 방문한 적이 있다

上星期我找过他两次。
Shàng xīngqī wǒ zhǎoguo tā liǎng cì.
지난주에 나는 그를 두 차례 찾은 적이 있다.

경험을 나타내는 '过'의 부정은 '没(有)…过'이다.

他没来过。
Tā méi láiguo.
그는 이곳에 온 적이 없다.

他没去过中国。
Tā méi qùguo Zhōngguó.
그는 중국을 방문한 적이 없다.

我没找过他。
Wǒ méi zhǎoguo tā.
나는 그를 찾은 적이 없는데요.

'…过…没有' 형식은 의문문이 된다.

他昨天来过没有?
Tā zuótiān láiguo méi yǒu?
그는 어제 왔었습니까?

你看过那个电影没有?

Nǐ kànguo nà ge diànyǐng méi yǒu?

당신은 그 영화를 본 적이 있습니까?

'什么戏'의 '什么'는 의문형용사로서 다른 명사와 결합할 수 있다.

那是什么书?

Nà shì shénme shū?

저것은 무슨 책입니까?

你去什么地方?

Nǐ qù shénme dìfang?

당신은 어느 곳에 갑니까?

你有什么办法呢?

Nǐ yǒu shénme bànfǎ ne?

당신은 무슨 방법이 있습니까?

'什么'는 '都'와 결합하여 임의의 모든 것을 나타내기도 한다.

什么都可以。

Shénme dōu kěyǐ.

뭐든지 괜찮아요.

什么都不吃。

Shénme dōu bù chī.

아무것도 안 먹어요.

什么都不要。

Shénme dōu bù yào.

아무것도 필요 없습니다.

什么都不想干。

Shénme dōu bù xiǎng gàn.

아무것도 하고 싶지 않아.

'怎么'

'怎么'는 '왜, 어떻게'의 뜻을 갖는 의문대사이다.

他怎么不来?
Tā zěnme bù lái?
그는 왜 안 옵니까?

这些天怎么这么热?
Zhèxiē tiān zěnme zhème rè?
요즈음 왜 이렇게 덥지요?

超级市场怎么走?
Chāojíshìchǎng zěnme zǒu?
수퍼마켓은 어디로 갑니까?

我怎么能知道他的事情?
Wǒ zěnme néng zhīdao tā de shìqing?
제가 어떻게 그의 일을 알 수 있겠습니까?

'好吗'

'好吗'는 '行吗', '可以吗', '是吗', '好不好', '行不行', '可以不可以', '是不是' 등과 같이 서술문의 문미에 와서 문 전체를 의문문으로 만든다. 이러한 밀이 들어간 의문문의 어감은 부드럽고 온화하므로 자주 사용된다.

咱们一块儿去, 好吗?
Zánmen yīkuàir qù, hǎo ma?
우리 함께 가는 것이 어때요?

咱们一块儿去, 好不好?
Zánmen yīkuàir qù, hǎo bù hǎo?
우리 함께 가는 것이 어때요?

问您一个问题, 可以吗?
Wèn nín yī ge wèntí, kěyǐ ma?
질문 하나 해도 될까요?

老师, 我问一个问题, 可以不可以?
Lǎoshī wǒ wèn yī ge wèntí, kěyǐ bù kěyǐ?
선생님, 제가 질문 하나 해도 될까요?

我想休息休息, 行吗?
Wǒ xiǎng xiūxi xiūxi, xíng ma?
나 좀 쉬고 싶은데 괜찮아요?

我去, 行不行?
Wǒ qù, xíng bù xíng?
내가 가도 되나요?

上午八点上课, 是吗?
Shàngwǔ bā diǎn shàng kè, shì ma?
오전 8시에 수업하지요?

上午八点上课, 是不是?
Shàngwǔ bā diǎn shàngkè, shì bù shì?
오전 8시에 수업하지요?

이러한 의문문에 대한 긍정적인 대답은 묻는 말에 상응한다. 그러나 부정적인 대답은 '是吗, 是不是'에 대하여만 '不' 혹은 '不是'로 대답하고, 이 이외에는 일반적으로 '不行'으로 대답한다.

자 습 문 제

다음을 중국어로 말해 보시오.

A 당신은 중국요리를 먹어 보셨나요?

B 아직 먹어 본 적이 없습니다.

A 중국 차는 마셔 보셨나요?

B 그것도 아직 마셔본 적이 없습니다.

A 오늘은 제가 저녁을 대접하지요.

B 그럼 다음에는 제가 한국요리를 대접하겠습니다.
   (韩国菜 Hánguócài : 한국요리)

A 좋습니다. 저는 한국김치를 아주 좋아하니까요.
   (泡菜 pàocài : 김치)

B 아니, 김치를 먹어 보셨다고요?

A 두세 번 먹어 보았지요. 약간 매웠지만 아주 맛있더군요.
   (辣 là : 맵다)

B 당신이 김치를 좋아하리라고는 상상도 못했습니다.

A 오늘 저녁에 중국요리를 한번 먹어 보세요.

B 좋습니다. 그러는 김에 중국차도 한번 마셔 보지요.

您要换多少？

1 小姐，我要换美元。
Xiǎojiě, wǒ yào huàn měiyuán.

2 您换多少？
Nín huàn duōshao?

3 五百美元。
Wǔ bǎi měiyuán.

4 请您填一下这张表！
Qǐng nín tián yīxià zhè zhāng biǎo !

5 您看这样填，行吗？
Nín kàn zhèyàng tián, xíng ma?

6 您写错了，请再填一张。
Nín xiěcuò le, qǐng zài tián yī zhāng.

7 都填好了，给您。
Dōu tiánhǎo le, gěi nín.

8 好吧，请稍等。一会儿我叫您。
Hǎo ba, qǐng shāo děng. Yīhuìr wǒ jiào nín.

1 아가씨, 제가 달러를 환전하려고 하는데요.

2 얼마나 바꾸실 건데요?

3 오백 달러입니다.

4 우선 이 표에 기록을 해주세요.

5 이렇게 쓰면 됩니까?

6 잘못 쓰셨네요, 다시 한 장 써 주세요.

7 다 썼습니다, 여기요.

8 좋습니다, 잠시만 기다리십시오. 조금 후에 이름을 부를 겁니다.

단어

美元	měiyuán	달러
填	tián	작성하다
张	zhāng	종이를 세는 양사, 장
稍	shāo	잠시, 잠깐
叫	jiào	부르다

[换]

你想换几个？
Nǐ xiǎng huàn jǐ ge?
몇 개나 바꾸고 싶으세요?

我要换大号的。
Wǒ yào huàn dàhào de.
큰 사이즈로 바꾸겠어요.

[这样]

这样说，行吗？
Zhèyàng shuō, xíng ma?
이렇게 말하면 됩니까?

这样吃，行吗？
Zhèyàng chī, xíng ma?
이렇게 먹으면 됩니까?

这样写，行吗？
Zhèyàng xiě, xíng ma?
이렇게 쓰면 됩니까?

这样打，行吗？
Zhèyàng dǎ, xíng ma?
이렇게 치면 됩니까?

[错]

我说错了。
Wǒ shuōcuò le.
제가 잘못 말했습니다.

他 搞 错 了。
Tā gǎocuò le.
그 사람이 잘못 했다.

我 打 错 了。
Wǒ dǎcuò le.
제가 전화를 잘못 걸었습니다.

我 记 错 号 了。
Wǒ jìcuò hào le.
내가 번호를 잘못 기억했다.

[好]

做 好 了
zuòhǎo le
다 했다

准 备 好 了
zhǔnbèihǎo le
다 준비했다

办 好 了
bànhǎo le
다 처리했다

修 好 了
xiūhǎo le
다 수리했다

'多少'

의문수사이다. '几'가 대체로 '10' 이하의 적은 수를 묻는 반면, '多少'는 적은 수나 많은 수를 모두 물을 수 있다. 그러므로 많은 수인 경우에는 '多少'로 묻는다.

这个东西多少钱？
Zhè ge dōngxi duōshao qián?
이것은 얼마입니까?

这苹果多少钱一斤？
Zhè píngguǒ duōshao qián yī jīn?
이 사과는 한 근에 얼마지요?

你们系有多少个学生？
Nǐmen xì yǒu duōshao ge xuésheng?
너희 과에는 몇 명의 학생이 있지?

你要在中国待多少天？
Nǐ yào zài Zhōngguó dāi duōshao tiān?
당신은 중국에서 얼마나 머무를 예정인가요?

수는 다음과 같이 표기한다.

一, 二(两), 三, 四, 五, 六, 七, 八, 九, 十
十一, 十二, ···························· 二十
三十一, 三十二, ···························· 四十
五十, 六十, 七十, 八十, 九十, 一百.

一百零一(101), 一百零二(102)
一百一十(110), 一百一十一(111), 一百一十九(119)
二百二十(220), 两百二十一(221), 两百九十九(299)
三百(300), ···························· 九百(900)
一千(1000), 一千零一(1001), 一千零九(1009)

'填好'의 '好'는 결과보어로서 동작의 완료를 나타낸다.

我们约好了，八点钟见面。
Wǒmen yuēhǎo le, bā diǎnzhōng jiànmiàn.
우리는 8시에 만나기로 약속하였다.

这件事我们已经商量好了。
Zhè jiàn shì wǒmen yǐjīng shāngliang hǎo le.
이 일을 우리는 이미 다 상의하였다.

'好吧'는 동의를 표시하는 대답이다.

好吧，我答应了。
Hǎo ba, wǒ dāying le.
좋아, 내가 승낙한다.

好吧，明天接着讨论。
Hǎo ba, míngtiān jiēzhe tǎolùn.
좋습니다. 내일 이어서 토론합시다.

자 습 문 제

다음을 중국어로 말해 보시오.

A 이렇게 써도 되나요?

B 잘못 쓰셨습니다. 다시 한 장 쓰십시오.

A 어떻게 써야 되지요?

B 이렇게 쓰시면 됩니다.

A 중국 글자는 쓰기가 참 어렵습니다.(中国字 : 중국 글자)

B 맞아요. 많이 연습해야지요.

A 다 썼습니다.

B 아주 잘 쓰셨네요.

A 별말씀을요.

B 네, 저기서 잠깐만 기다리세요.

A 감사합니다.

B 별말씀을요.

你汉语学了几年了？

1 请问，赵芳小姐住几楼？
Qǐng wèn, Zhào Fāng xiǎojiě zhù jǐ lóu?

2 八楼。左边第二个房间就是。
Bālóu. Zuǒbian dì- èr ge fángjiān jiù shì.

3 谢谢。
Xièxie.

4 你汉语学了几年？
Nǐ Hànyǔ xuéle jǐ nián?

5 学了两年半了。
Xuéle liǎng nián bàn le.

6 怪不得，你汉语说得这么好。
Guàibude, nǐ Hànyǔ shuō de zhème hǎo.

7 哪儿的话，还差得远呢。别的同学比我
Nǎr de huà, hái chà de yuǎn ne. Bié de tóngxué bǐ wǒ

更好。
gèng hǎo.

8 你太谦虚了。你的汉语已经相当不错了。
Nǐ tài qiānxū le. Nǐ de Hànyǔ yǐjīng xiāngdāng bùcuò le.

1 말씀 좀 묻겠습니다, 자오팡 양은 몇 층에 삽니까?

2 8층입니다. 왼쪽 두 번째 방이 바로 그 방입니다.

3 감사합니다.

4 중국어를 몇 년이나 배우셨습니까?

5 2년 반째 배우고 있습니다.

6 그러니까 중국어를 이렇게 잘 하시는군요.

7 천만에요, 아직 멀었습니다. 다른 학우들은 저보다 더 잘 합니다.

8 너무 겸손하시네요. 당신의 중국어는 이미 상당히 좋습니다.

단어

赵芳	Zhào Fāng	자오팡(인명)
住	zhù	살다
楼	lóu	층
怪不得	guàibude	어쩐지
哪儿的话	nǎr de huà	천만의 말씀입니다
差得远	chà de yuǎn	아직 멀다, 실력이 크게 뒤지다
别	bié	다른
比	bǐ	…보다, 비교를 나타내는 개사
还	hái	더
谦虚	qiānxū	겸손하다

[住几楼]

住哪儿?
Zhù nǎr?
어디 사십니까?

住五楼。
Zhù wǔ lóu.
5층에 삽니다.

住北京。
Zhù Běijīng.
북경에 삽니다.

[序数]

他来的第三天
tā lái de dì-sān tiān
그가 온 날로부터 사흘째

左边第三个房间
zuǒbian dì-sān ge fángjiān
왼쪽 세 번째 방

右边倒数第三个房间
yòubian dàoshǔ dì-sān ge fángjiān
오른쪽 끝에서 세 번째 방

从这儿数第三个人
cóng zhèr shǔ dì-sān ge rén
여기서부터 세 번째 사람

[了]

我英语学了三年。
Wǒ Yīngyǔ xuéle sān nián.
나는 영어를 3년간 배웠다.

我英语学了三年了。
Wǒ Yīngyǔ xuéle sān nián le.
나는 지금 3년째 영어를 배우고 있다.

他教了五年英语。
Tā jiāole wǔ nián Yīngyǔ.
그는 5년 동안 영어를 가르쳤다.

他教了五年英语了。
Tā jiāole wǔ nián Yīngyǔ le.
그는 지금 5년째 영어를 가르치고 있다.

[时量补语]

走十分钟就到了。
Zǒu shí fēnzhōng jiù dào le.
10분 걸으면 곧 도착하게 됩니다.

开半个小时就到了。
Kāi bàn ge xiǎoshí jiù dào le.
30분 운전하면 곧 도착하게 됩니다.

住了三年了。
Zhùle sān nián le.
지금까지 3년째 살고 있습니다.

跑了二十分钟了。
Pǎole èrshí fēnzhōng le.
지금까지 20분간 뛰었습니다.

[怪不得]

怪不得不听话！
Guàibude bù tīng huà!
어쩐지 말을 안 듣더라니!

怪不得那么忙！
Guàibude nàme máng!
어쩐지 그렇게 바쁘더라니!

怪不得那么高！
Guàibude nàme gāo!
어쩐지 그렇게 높더라니!

怪不得不参加呢！
Guàibude bù cānjiā ne!
어쩐지 참가하지 않더라니!

[程度补语]

你长得这么漂亮！
Nǐ zhǎng de zhème piàoliang!
네가 이렇게 예쁘게 자라다니!

你学得这么快！
Nǐ xué de zhème kuài!
네가 이렇게 빨리 배우다니!

他唱得这么好听！
Tā chàng de zhème hǎotīng.
그가 하는 노래가 이렇게 듣기가 좋구나!

你英语讲得这么好！
Nǐ Yīngyǔ jiǎng de zhème hǎo!
네가 영어를 이렇게 잘 하다니!

[比]

他比我高。
Tā bǐ wǒ gāo.
그가 나보다 키가 크다.

他比我高一些。
Tā bǐ wǒ gāo yīxiē.
그가 나보다 키가 좀 크다.

他比我还高。
Tā bǐ wǒ hái gāo.
그가 나보다 키가 더 크다.

他比以前更高了。
Tā bǐ yǐqián gèng gāo le.
그는 예전보다 더욱 키가 커졌다.

[相当]

相当远
xiāngdāng yuǎn
아주 멀다

相当好
xiāngdāng hǎo
아주 좋다

相当不错
xiāngdāng bùcuò
아주 멋지다

相当有水平
xiāngdāng yǒu shuǐpíng
수준이 상당히 높다

'小姐'

성씨의 뒤, 이름의 뒤, 지시대사의 뒤, 직함의 뒤에 모두 나올 수 있다.

> 赵芳小姐
> Zhào Fāng xiǎojie
> 자오팡 양

> 赵小姐
> Zhào xiǎojie
> 자오 양

> 那位小姐
> nà wèi xiǎojie
> 그 아가씨

> 服务员小姐
> fúwùyuán xiǎojie
> 종업원 아가씨

'住几楼?'와 같이 동사 다음에 처소 빈어가 나올 수 있다.

> 他们都住大安区。
> Tāmen dōu zhù Dà'ānqū.
> 그들은 모두 따안구에 삽니다.

> 我要去商场。
> Wǒ yào qù shāngchǎng.
> 저는 상점에 가려고 합니다.

> 来这儿吧!
> Lái zhèr ba!
> 이쪽으로 오시지요.

他要离开北京。
Tā yào líkāi Běijīng.
그는 베이징을 떠나려고 합니다.

서수(序數)는 차례를 표시하는 수이다. 서수에는 '第'를 붙인다.

第一次
dì-yī cì
첫 번째

第二个房间
dì-èr ge fángjiān
두 번째 방

서수에는 '两'이 아닌 '二'을 쓴다.

第二层
dì-èr céng
2층

第二个人
dì-èr ge rén
두 번째 사람

'了'

'你汉语学了几年?'에는 동사 '学' 다음에 '了'가 들어가 있다. 이와 같이 동사 바로 다음에 부가되는 '了'를 완료태(完了態)라고 한다. 완료태 '了'는 언제나 동사의 바로 뒤에 위치하여, 그 동작이 구체적으로 발생하는 상태를 묘사한다. '你汉语学了几年?'은 언제인지는 모르지만 '당신은 몇 년 동안 중국어를 배웠는가'를 묻는다. 이 물음에 대하여 '学了两年'이라고 대답하였다면 이는 언제인지는 모르지만 '2년 동안 중국어를 배운 사실이 있다'는 것을 나타낸다. 그러나

227

본문에서는 '学了两年半了.'라고 대답하고 있다. 여기에는 두 개의 '了'가 나와 있다. '学' 다음의 '了'는 동사 바로 뒤에 오는 완료태이고, 문장의 끝에 오는 '了'는 사태 변화의 '了'이다. 사태 변화의 '了'는 문장의 끝에 위치하여, 그 자신의 앞에 서술된 상황으로 '이제' 사태가 변했음을 나타낸다. 예를 들면 '我不能来了.'는 지금 '我不能来' 하는 사태로 변했음을 나타낸다.

我能去了 → [我能去] + 了
나는 이제 갈 수 있는 상황으로 변하였다.
→ 나는 이제 갈 수 있게 되었다.

他说汉语了 → [他说汉语] + 了
그는 이제 중국어를 말하는 상황으로 변하였다.
→ 그는 이제 중국어를 말하게 되었다.

现在七点半了 → [现在七点半] + 了
지금 7시 30분인 상황으로 변하였다.
→ 지금 7시 30분이 되었다.

본문의 '学了两年半了'는, 현재 시점에서 배운지 이년 반이 된 상황으로 변한 것이므로 '배운지 이제 이년 반이 되었다' 혹은 '이년 반째 배우고 있다' 라는 의미가 된다.

'你汉语说得这么好.'

'这么好'는 정도보어이고, '得'는 정도보어를 이끄는 구조조사(構造助詞)이다. 여기에서는 '汉语'의 위치가 문제된다. 중국어의 어순은 일반적으로 '주어+동사+빈어'이다. 그러나 강조하고자 하면 빈어는 앞으로 이동할 수 있다.

(1) 我看完了这本书。
Wǒ kànwán le zhè běn shū.
나는, 이 책을 다 보았습니다.

（2） 我这本书看完了。

    Wǒ zhè běn shū kànwán le.

    나는, 이 책은, 다 보았습니다.

（3） 这本书我看完了。

    Zhè běn shū wǒ kànwán le.

    이 책을, 나는 다 보았습니다.

(1)은 '내가 이 책을 다 보았다'라는 사실을 객관적으로 전달해준다. 강조된 말은 '我'이다. (2)에서 첫째로 강조되는 말은 '我'이고, 둘째로 강조되는 말은 '这本书'이다. (3)에서 첫째로 강조되는 말은 '这本书'이고 둘째로 강조되는 말은 '我'이다. 이와 같이 중국어에서는 어순이 강조의 순서를 결정한다.

본문 '你汉语说得这么好'는 위 (2)의 예와 같은 경우로서 첫째 강조는 '你'이며, 둘째 강조는 '汉语'이다. 이 문장은 다음과 같이 말할 수도 있다.

（1） 你说汉语说得非常好。

    Nǐ shuō Hànyǔ shuō de fēicháng hǎo.

    당신은 중국어를 대단히 잘하는군요.

（2） 汉语你说得非常好。

    Hànyǔ nǐ shuō de fēicháng hǎo.

    중국어를 당신은 대단히 잘하는군요.

(1)은 빈어를 동반하는 정도보어문으로서 대단히 객관적인 서술이다. (2)에서는 '汉语'가 강조된다.

'比'

비교문에 사용되는 介詞이다. 이 경우 '比' 뒤에 오는 술어 앞에는 흔히 '还, 还要, 更' 등이 부가된다. '更'은 '더욱'이라는 의미로 사용되지만 '还, 还要'는 특별한 의미 없이 '比' 비교문에 습관적으로 사용된다고 알아두자.

他比我还高。
Tā bǐ wǒ hái gāo.
그는 나보다 키가 크다.

她比我还要聪明。
Tā bǐ wǒ hái yào cōngmíng.
그녀는 나보다 총명하다.

他比我更努力。
Tā bǐ wǒ gèng nǔlì.
그는 나보다 더욱 노력한다.

介詞가 있는 문장을 부정하려면 介詞 앞에 '不'를 첨가한다.

他不比我高。
Tā bù bǐ wǒ gāo.
그는 나보다 크지는 않다.

这个不比那个长。
Zhè ge bù bǐ nà ge cháng.
이것이 저것보다 길지는 않다.

'太谦虚了'의 '太'는 정도부사이다.

정도부사에는 이 이외에도 '很, 相当, 非常' 등이 있다. 대부분의 정도부사가 모두 객관적 정도를 나타내는 데 비하여 '太'는 '정도가 과하다'라는 느낌을 준다. 그러므로 경우에 따라서는 화자의 불만의 감정이 섞이기도 한다. '太'는 일반적으로 사태 변화의 '了'를 동반한다.

他太高了。
Tā tài gāo le.
그는 키가 너무나 크다.

这顶帽子太大了。
Zhè dǐng màozi tài dà le.
이 모자는 너무나 크다.

这本教科书太难了。
Zhè běn jiàokēshū tài nán le.
이 교과서는 너무나 어렵다.

这个苹果太小了。
Zhè ge píngguǒ tài xiǎo le.
이 사과는 너무나 작다.

자 습 문 제

다음을 중국어로 말해 보시오.

A 당신의 사무실은 몇 층에 있습니까?
   (办公室 bāngōngshi : 사무실)
B 삼층인데요, 오른쪽에서 두 번째 방입니다.
A 전화는 몇 번이지요?
B 전화는 9975-8674입니다. 내일 한 번 오시지요.
A 내일은 일이 있고요, 시간 나면 한번 찾아가겠습니다.
B 그러시지요. 그런데 중국어를 배운지 얼마나 되셨나요?
A 삼 년 배웠습니다.
B 그러니까 이렇게 중국어를 잘 하시는군요.
A 무슨 말씀이세요, 아직 멀었지요.
B 너무 그러실 거 없어요, 그만하면 벌써 상당합니다.

你想吃什么?

1 你想吃什么?
Nǐ xiǎng chī shénme?

2 什么都行。
Shénme dōu xíng.

3 你来点菜, 怎么样?
Nǐ lái diǎn cài, zěnmeyàng?

4 我是外行, 还是你来吧!
Wǒ shì wàiháng, háishi nǐ lái ba!

5 来一个拼盘, 一个清蒸鲤鱼, 一个红烧牛肉。
Lái yī ge pīnpán, yī ge qīngzhēnglǐyú, yī ge hóngshāoniúròu.

6 我看差不多了。
Wǒ kàn chàbuduō le.

7 再来一个宫保鸡丁和一碗三鲜汤。
Zài lái yī ge gōngbǎojīdīng hé yī wǎn sānxiāntāng.

8 你吃得了吗?
Nǐ chī de liǎo ma?

9 吃不了, 打包走!
Chī bu liǎo, dǎbāo zǒu!

1 뭘 먹겠니?
2 아무거나 다 좋아.
3 네가 주문하는 게 어때?
4 나는 잘 모르니까 네가 주문하렴.
5 모듬 냉채 하나, 잉어찜 하나, 쇠고기 조림 하나 주세요.
6 그 정도면 됐어.
7 그리고 닭고기 볶음과 해물탕을 더 주세요.
8 너 다 먹을 수 있니?
9 다 못 먹으면 싸 가지고 가지.

단어

点菜	diǎn cài	요리를 주문하다
外行	wàiháng	문외한
拼盘	pīnpán	두 종류 이상의 냉채를 한 접시에 담아 놓은 요리
清蒸鲤鱼	qīngzhēnglǐyú	잉어찜
清蒸	qīngzhēng	간장 등의 조미료를 넣지 않고 찐 요리
红烧牛肉	hóngshāoniúròu	쇠고기 조림
红烧	hóngshāo	기름과 설탕을 넣어 살짝 튀긴 후 간장을 넣어 익혀 검붉은 색을 내는 요리법
牛肉	niúròu	쇠고기
宫保鸡丁	gōngbǎo jīdīng	닭고기 볶음
鸡丁	jīdīng	네모나게 썬 닭고기
三鲜汤	sānxiāntāng	해물탕
吃得了	chī de liǎo	다 먹을 수 있다
打包	dǎbāo	싸다, 품 안에 넣다

[想]

你想去留学吗?
Nǐ xiǎng qù liúxué ma?
유학가고 싶으십니까?

→ 是的, 我想去留学。
　 Shì de, wǒ xiǎng qù liúxué.
　 네, 유학가고 싶습니다.

你想不想看足球赛?
Nǐ xiǎng bù xiǎng kàn zúqiú sài?
너 축구경기 보고 싶니?

→ 不想看。
　 Bù xiǎng kàn.
　 보고 싶지 않은데.

[…都]

什么都好。
Shénme dōu hǎo.
뭐든지 좋습니다.

什么都可以。
Shénme dōu kěyǐ.
뭐든지 괜찮습니다.

什么都不会。
Shénme dōu bù huì.
아무 것도 할 줄 모릅니다.

什么都不想看。
Shénme dōu bù xiǎng kàn.
아무 것도 보기 싫어요.

[来]

我来看一下。
Wǒ lái kàn yīxià.
내가 한번 봅시다.

我来尝一下。
Wǒ lái cháng yīxià.
내가 한번 맛을 봅시다.

你来说一下。
Nǐ lái shuō yīxià.
네가 한번 말해 보렴.

你来说明一下。
Nǐ lái shuōmíng yīxià.
네가 한번 설명해 보렴.

[还是]

还是我来干吧!
Háishi wǒ lái gàn ba!
역시 제가 해야겠어요!

还是叫辆车吧!
Háishi jiào liàng chē ba!
역시 차를 한 대 불러야겠어요!

我还是不想去。
Wǒ háishi bù xiǎng qù.
저는 여전히 가고 싶지 않아요.

身体还是不舒服。
Shēntǐ háishi bù shūfu.
몸이 아직 불편해요.

[我看]

我看不错。
Wǒ kàn bùcuò.
내 보기에는 괜찮은데.

我看还成。
Wǒ kàn hái chéng.
내가 보기에는 된 것 같아요.

我看还可以。
Wǒ kàn hái kěyǐ.
제가 생각하기에는 그런대로 괜찮은데요.

我看不见得。
Wǒ kàn bùjiànde.
제 생각에는 그런 것 같지 않은데요.

[⋯不了]

这件事我做不了。
Zhè jiàn shì wǒ zuò bu liǎo.
이 일은 제가 해낼 수 없어요.

237

天晚了，我去不了啦！
Tiān wǎn le, wǒ qù bu liǎo la!
시간이 늦어서 갈 수 없습니다!

星期日也休息不了了。
Xīngqīrì yě xiūxi bu liǎo le.
일요일에도 쉴 수가 없게 됐군요.

你的工作别人替不了。
Nǐ de gōngzuò biérén tì bu liǎo.
네 일을 다른 사람이 대신 할 수는 없지.

'想'

조동사로 사용되면 다른 동사의 앞에 와서 희망을 나타낸다.

现在我想休息休息。
Xiànzài wǒ xiǎng xiūxi xiūxi.
지금 전 좀 쉬고 싶습니다.

他想把每本书都看一遍。
Tā xiǎng bǎ měi běn shū dōu kàn yī biàn.
그는 각 책을 모두 한 번씩 보고 싶어합니다.

'想' 이 조동사로 사용된 경우의 의문문은 다음과 같다.

你想去公园吗?
Nǐ xiǎng qù gōngyuán ma?
당신은 공원에 가고 싶습니까?

你想不想去公园?
Nǐ xiǎng bù xiǎng qù gōngyuán?
당신은 공원에 가고 싶습니까?

你想去看电影吗?
Nǐ xiǎng qù kàn diànyǐng ma?
당신은 영화를 보러가고 싶습니까?

你想不想去看电影?
Nǐ xiǎng bù xiǎng qù kàn diànyǐng?
당신은 영화를 보러가고 싶습니까?

'都'

의문사가 의문을 나타내지 않고 예외 없는 전체를 나타내는 경우에는 '都' 가 사용된다.

我什么水果都爱吃。
Wǒ shénme shuǐguǒ dōu ài chī.
나는 과일이라면 뭐든지 잘 먹어요.

你们什么时候都可以来找我。
Nǐmen shénme shíhou dōu kěyǐ lái zhǎo wǒ.
당신들은 언제든지 저를 찾아와도 됩니다.

谁都爱自己的祖国。
Shéi dōu ài zìjǐ de zǔguó.
누구나 자신의 국가를 사랑합니다.

每个同学都有这本书。
Měi ge tóngxué dōu yǒu zhè běn shū.
모든 친구들이 다 이 책을 가지고 있습니다.

宿舍里哪儿都很干净。
Sùshè li nǎr dōu hěn gānjìng.
기숙사는 어디든지 다 깨끗합니다.

그러나 부정문에는 '都' 대신에 '也'가 많이 쓰인다.

现在什么吃的也没有。
Xiànzài shénme chī de yě méi yǒu.
지금 먹을 것이 하나도 없다.

谁也不认识这个字。
Shéi yě bù rènshi zhè ge zì.
아무도 이 글자를 모른다.

'还是'

비교를 행한 이후의 선택을 나타낸다. 우리말로는 '그래도, 역시'에 해당한다.

还是星期日去好。

Háishi xīngqīrì qù hǎo.

그래도 일요일에 가는 것이 좋습니다.

我觉得还是这件衣服颜色好。

Wǒ juéde háishi zhè jiàn yīfu yánsè hǎo.

저는 그래도 이 옷의 색깔이 좋다고 생각합니다.

还是小张高。

Háishi Xiǎo Zhāng gāo.

그래도 샤오장이 크다.

我觉得还是自己的家乡美。

Wǒ juéde háishi zìjǐ de jiāxiāng měi.

나는 역시 자기 고향이 아름답다고 생각합니다.

'还是'는 또한 선택의문문에 사용되기도 한다.

你去还是不去？

Nǐ qù háishi bù qù?

너는 갈거니, 안 갈거니?

你去还是他去？

Nǐ qù háishi tā qù?

네가 가니, 아니면 그 사람이 가니?

你坐汽车去，还是坐火车去？

Nǐ zuò qìchē qù, háishi zuò huǒchē qù?

당신은 자동차로 갑니까, 아니면 기차로 갑니까?

你买书，还是买笔记本？

Nǐ mǎi shū, háishi mǎi bǐjìběn?

당신은 책을 살 겁니까, 아니면 공책을 살 겁니까?

'我看'

문장의 앞에 오면 '내가 보기에는, 내가 생각하기에는'과 같은
뜻이 된다.

我看, 不见得好。
Wǒ kàn, bùjiànde hǎo.
내 생각에는 좋은 것 같지 않아.

我看, 他不会来了。
Wǒ kàn, tā bù huì lái le.
내가 보기에는 그 사람은 오지 않을 것 같아.

我看, 这东西不错。
Wǒ kàn, zhè dōngxi bùcuò.
제 생각에는 이 물건이 좋은 것 같습니다.

我看, 天气还要热下去。
Wǒ kàn, tiānqì hái yào rè xiaqu.
제가 보기에는 날씨가 더 더워질 것 같습니다.

상대방의 의견을 물을 때는 '你看, 你们看'을 사용한다.

你看这样写行不行？
Nǐ kàn zhèyàng xiě xíng bù xíng?
네 생각에는 이렇게 쓰면 되겠니?

你看怎么办好？
Nǐ kàn zěnme bàn hǎo?
당신 생각에는 어떻게 하면 좋을 것 같습니까?

你们看这么做行不行？
Nǐmen kàn zhème zuò xíng bù xíng?
여러분들 보기에는 이렇게 하면 될 것 같나요?

我看这东西不错，你看呢？

Wǒ kàn zhè dōngxi bùcuò, nǐ kàn ne?

내가 보기에는 이 물건이 괜찮은 것 같은데, 당신 생각은 어떻습니까?

'再'는 미래의 반복을 나타내는 부사이다.

我再工作一会儿。

Wǒ zài gōngzuò yīhuìr.

저는 좀 더 일하겠습니다.

以后有机会再去吧。

Yǐhòu yǒu jīhuì zài qù ba.

앞으로 기회 있으면 또 가자.

您别着急，明天再说。

Nín bié zháojí, míngtiān zài shuō.

서두르지 마십시오, 내일 다시 봅시다.

再过五、六天就可以出院了。

Zài guò wǔ-liù tiān jiù kěyǐ chūyuàn le.

5, 6일 더 지나면 퇴원할 수 있게 될 겁니다.

'吃得了'의 '了'

동작의 진행을 통하여, 목적 달성을 나타내는 가능보어이다. 다음을 보고 가능보어 '了'의 용법을 익혀두자. 가능보어의 긍정형은 주로 의문문에 사용되며 부정형은 서술문에 사용된다.

我现在喝不了了。

Wǒ xiànzài hē bu liǎo le.

나는 이제 마실 수 없습니다.

明天的球赛我参加不了了。

Míngtiān de qiúsài wǒ cānjiā bu liǎo le.

내일 경기에 저는 참가할 수 없게 되었습니다.

243

老师病了，明天上不了课。

Lǎoshī bìng le, míngtiān shàng bu liǎo kè.

선생님께서 편찮으셔서, 내일 수업을 할 수 없습니다.

做这些练习我用不了两个小时。

Zuò zhèxiē liànxí wǒ yòng bu liǎo liǎng ge xiǎoshí.

이 연습문제를 푸는 데는 나는 2시간이 안 걸립니다.

很抱歉，我参加不了你们的讨论会了。

Hěn bàoqiàn, wǒ cānjiā bu liǎo nǐmen de tǎolùnhuì le.

정말 미안합니다, 저는 당신들의 토론회에 참가할 수 없게 되었습니다.

자 습 문 제

다음을 중국어로 말해 보시오.

A 무엇을 드시겠습니까?

B 저는 무엇이든 다 좋습니다.

A 당신이 주문을 하시겠습니까?

B 저는 음식에는 문외한이니까 당신이 주문하시지요.

A 모듬 냉채 하나, 잉어찜 하나, 쇠고기 조림 하나 주세요.

B 그 정도면 된 거 같은데요.

A 그리고 닭고기 볶음을 추가합니다.

B 다 드실 수 있겠습니까?

A 다 먹지 못하면 가지고 가도 됩니다.

B 네, 좋습니다.

这儿的风景多美呀!

1 咱们在这儿照张相吧!
Zánmen zài zhèr zhào zhāng xiàng ba!

2 不想照,别照了!
Bù xiǎng zhào, bié zhào le!

3 今天是国庆节嘛!留个纪念。
Jīntiān shì Guóqìngjié ma! Liú ge jìniàn.

4 那好吧。
Nà hǎo ba.

5 你看,这儿的风景多美呀!
Nǐ kàn, zhèr de fēngjǐng duō měi ya!

6 好玩儿的地方多着呢!你看那边儿!
Hǎowánr de dìfàng duōzhe ne! Nǐ kàn nàbiānr!

7 咱们过去看看。
Zánmen guòqu kànkan.

8 我有点儿累了,下次再去,好不好?
Wǒ yǒudiǎnr lèi le, xiàcì zài qù, hǎo bù hǎo?

9 只好如此了。
Zhǐhǎo rúcǐ le.

1 우리 여기서 사진 한 장 찍어요!
2 찍고 싶지 않은데요, 찍지 맙시다.
3 오늘이 건국기념일이잖아요, 기념으로 남겨야지요.
4 그럼 좋아요.
5 보세요, 이곳의 경치가 얼마나 아름다워요!
6 놀기 좋은 곳이 많네요! 저기 좀 보세요!
7 우리 한 번 가봅시다.
8 제가 조금 피곤한데, 다음에 가는 것이 어떨까요?
9 그렇게 할 수밖에 없겠군요.

단어

照相	zhàoxiàng	사진을 찍다
嘛	ma	뚜렷한 사실을 강조하는 조사
留	liú	남기다
纪念	jìniàn	기념
风景	fēngjǐng	경치
美	měi	아름답다, 멋지다
好玩儿	hǎowánr	놀기 좋다, 재미있다
地方	dìfang	곳
过去	guòqu	지나가다
累	lèi	피곤하다
以后	yǐhòu	다음, 나중
只好	zhǐhǎo	…할 수밖에 없다
如此	rúcǐ	이와 같다

[照个相]

别生我的气！
Bié shēng wǒ de qì!
나한테 화내지 마세요!

别开我的玩笑！
Bié kāi wǒ de wánxiào!
나를 놀리지 마세요!

他请了我一次客。
Tā qǐngle wǒ yī cì kè.
그는 나에게 식사 대접을 한 번 하였다.

[嘛]

今天是国庆节嘛！
Jīntiān shì Guóqìngjié ma!
오늘은 건국기념일이잖아요!

明天是周末嘛！
Míngtiān shì zhōumò ma!
내일은 주말이잖아요!

现在是春天嘛！
Xiànzài shì chūntiān ma!
지금은 봄이잖아요!

他说的对嘛！
Tā shuō de duì ma!
그가 한 말이 맞잖아요!

[多美]

多惊人的消息啊！
Duō jīng rén de xiāoxi a!
얼마나 놀라운 소식인가!

他多想妈妈呀！
Tā duō xiǎng māma ya!
그는 얼마나 어머니가 보고 싶겠어!

今天她们多高兴啊！
Jīntiān tāmen duō gāoxìng a!
오늘 그 여자들이 얼마나 즐거워하던지!

[多着呢]

机会多着呢。
Jīhuì duōzhe ne.
기회는 (너무나) 많아요.

好吃的东西多着呢。
Hǎochī de dōngxi duōzhe ne.
맛있는 것이 (너무나) 많군요.

那儿的风景美着呢。
Nàr de fēngjǐng měizhe ne.
그곳의 경치가 (너무나) 멋지군요.

[有点儿]

有点儿不舒服。
Yǒudiǎnr bù shūfu.
조금 불편하다.

有点儿不公平。
Yǒudiǎnr bù gōngpíng.
조금 불공평하다.

有点儿不称心。
Yǒudiǎnr bù chènxīn.
조금 마음에 안 든다.

有点儿不高兴。
Yǒudiǎnr bù gāoxìng.
조금 기분 나쁘다.

[好不好]

一起去，好不好？
Yīqǐ qù, hǎo bù hǎo?
같이 가는 게 어때요?

一起吃饭，好不好？
Yīqǐ chīfàn, hǎo bù hǎo?
같이 식사하는 게 어때요?

请帮我一下，好不好？
Qǐng bāng wǒ yīxià, hǎo bù hǎo?
저를 도와주시겠어요?

请替我找个人，好不好？
Qǐng tì wǒ zhǎo ge rén, hǎo bù hǎo?
저 대신 사람을 찾아주시겠어요?

[只好]

我不会骑车，只好走着去。
Wǒ bù huì qíchē, zhǐhǎo zǒuzhe qù.
저는 자전거를 탈 줄 몰라서 걸어갈 수밖에 없었어요.

他们都没有时间，只好我一个人来了。
Tāmen dōu méi yǒu shíjiān, zhǐhǎo wǒ yī ge rén lái le.
그 사람들 모두 시간이 없어서 나 혼자 올 수밖에 없었어요.

咖啡没有了，我们只好喝茶。
Kāfēi méi yǒu le, wǒmen zhǐhǎo hē chá.
커피가 떨어져서 우린 차를 마실 수밖에 없어요.

她不懂中文，我只好跟她说英文。
Tā bù dǒng Zhōngwén, wǒ zhǐhǎo gēn tā shuō Yīngwén.
그녀가 중국어를 몰라서 나는 그녀와 영어로 말할 수밖에 없어요.

[如此]

但愿如此。
Dàn yuàn rúcǐ.
오직 그렇게 되기를 바랍니다.

希望如此。
Xīwàng rúcǐ.
그랬으면 합니다.

情況果然如此。

Qíngkuàng guǒrán rúcǐ.

상황이 정말 그렇군요.

我看也只好如此了。

Wǒ kàn yě zhǐ hǎo rúcǐ le.

내가 볼 때도 그렇게 할 수밖에 없네요.

'照相'

'照(찍다)'라는 동사와 '相(사진)'이라는 빈어로 구성되어 있다. 이와 같이 동사와 빈어가 결합하여 하나의 동사처럼 사용되는 동사가 있다. '照相, 见面, 教书, 请假, 打架' 등은 모두 이러한 동사에 속한다. 이러한 동사를 동빈이합동사(動賓離合動詞)라고 한다.

동빈이합동사(動賓離合動詞)가 '了, 过'와 같은 시태조사를 동반하는 경우에, 시태조사는 동사와 빈어 사이에 위치한다.

照了相再走!
Zhàole xiàng zài zǒu!
사진찍고 갑시다!

我们好像以前见过面。
Wǒmen hǎoxiàng yǐqián jiànguo miàn.
우리 이전에 본 적이 있는 것 같습니다.

동빈이합동사(動賓離合動詞)가 수량사를 동반하면 수량사는 동사와 빈어의 사이에 위치한다.

给我们照一张相!
Gěi wǒmen zhào yī zhāng xiàng!
우리 사진 한 장 찍어 주세요!

现在我有点事, 向您请个假。
Xiànzài wǒ yǒu diǎn shì, xiàng nín qǐng ge jià.
지금 제가 일이 좀 있어서 당신에게 휴가를 신청합니다.

동빈이합동사(動賓離合動詞)가 동량사를 동반하면 동량사는 동사와 빈어의 사이에 위치한다.

我跟他见过一次面。
Wǒ gēn tā jiànguo yī cì miàn.
저는 그 사람과 한 번 만난 적이 있습니다.

我每天都跟他打几次架。
Wǒ měitiān dōu gēn tā dǎ jǐ cì jià.
저는 매일 그 사람과 몇 번씩 싸움을 합니다.

동빈이합동사(動賓離合動詞)가 시간보어를 동반하면 시간보어는 동사와 빈어의 사이에 위치한다.

他教了二十年(的)书。
Tā jiāole èrshí nián (de) shū.
그는 20년 동안 교직에 있었습니다.

동빈이합동사(動賓離合動詞)의 빈어는 수식을 받을 수 있다.

你们已经不是小孩子了，还打什么架呀！
Nǐmen yǐjīng bù shì xiǎoháizi le, hái dǎ shénme jià ya!
너희들 이젠 애도 아닌데, 아직까지 무슨 싸움을 하고 그러니!

'别'는 '不要'와 같은 의미로서 부정명령형에 사용된다.

别客气！
Bié kèqi!
사양하지 마세요!

别走！
Bié zǒu!
가지 마세요!

那地方危险，你别去！
Nà dìfang wēixiǎn, nǐ bié qù!
그 곳은 위험해요, 가지 마세요!

都是自己人，别这么客气！
Dōu shì zìjǐrén, bié zhème kèqi!
모두 한식구인데, 이렇게 사양하지 마세요!

'別'로 부정된 명령문이 문말에 '了'를 동반하면 절대부정형이 된다. 절대부정형은 절대로 그래서는 안된다는 강한 부정의 의지를 나타낸다.

別客气了!
Bié kèqi le!
사양하지 마세요!

別走了!
Bié zǒu le!
가지 마세요!

那地方危险, 你別去了!
Nà dìfang wēixiǎn, nǐ bié qù le.
그 곳은 위험해요, 가지 마세요!

都是自己人, 別这么客气了!
Dōu shì zìjǐrén, bié zhème kèqi le!
모두 한식구인데, 이렇게 사양하지 마세요!

'嘛'는 상황이 원래 그러하다는 것을 나타내는 조사이다.

本来就是他的嘛!
Běnlái jiùshi tā de ma!
원래 그 사람 거예요!

老师嘛, 还能不知道?
Lǎoshī ma, hái néng bù zhīdao?
선생님인데, 모르실 수가 있나요?

'那好吧'의 '那'

'그렇다면'의 뜻이 되어 앞 문장의 내용에 동의하는 결과를 나타낸다.

他不来，那就别等他了。
Tā bù lái, nà jiù bié děng tā le.
그가 안 온다면, 그렇다면 더 기다리지 맙시다.

你不相信，那你就自己去看看。
Nǐ bù xiāngxìn, nà nǐ jiù zìjǐ qù kànkan.
당신이 못 믿는다면, 그렇다면 당신이 직접 가 보세요.

'呀'는 '啊'와 같다.

다만 앞 음절의 끝음이 'a, o, e, i, ü'인 경우에는 '啊'를 발음의 편의상 '呀'로 쓰기도 한다.

快拔啊！	→	快拔呀！	빨리 뽑아라.
Kuài bá a!		Kuài bá ya!	
真多啊！	→	真多呀！	정말 많구나.
Zhēn duō a!		Zhēn duō ya!	
好热啊！	→	好热呀！	너무 덥군요.
Hǎo rè a!		Hǎo rè ya!	
快写啊！	→	快写呀！	빨리 쓰거라.
Kuài xiě a!		Kuài xiě ya!	
注意啊！	→	注意呀！	조심해라.
Zhù yì a!		Zhù yì ya!	

'多么'

동사나 형용사 앞에 '多么'를 부가하여 감탄문을 만들 수 있다. '么'는 생략할 수 있다. 감탄문은 일반적으로 문장의 끝에 '啊'가 온다.

今天她们多(么)高兴啊！
Jīntiān tāmen duō(me) gāoxìng a!
오늘 그녀들이 얼마나 즐거워하던지!

我多(么)想老师和同学啊!

Wǒ duō (me) xiǎng lǎoshī hé tóngxué a!

내가 선생님과 친구들을 얼마나 그리워했는지!

那位服务员多么热情啊!

Nà wèi fúwùyuán duōme rèqíng a!

그 종업원이 얼마나 친절했는지!

'多么'는 정도보어의 앞에 오는 경우도 있다.

你演得多么好啊!

Nǐ yǎn de duōme hǎo a!

너는 연기를 정말 잘 하는구나!

这幅对联写得多么好啊!

Zhè fú duìlián xiě de duōme hǎo a!

이 대련은 얼마나 잘 썼니!

'着呢'

형용사 뒤에 와서 정도가 심한 것을 나타낸다. 대부분 구어에 사용된다.

今天我累着呢。

Jīntiān wǒ lèizhe ne.

오늘 나는 너무 피곤하구나.

大使馆远着呢。

Dàshǐguǎn yuǎnzhe ne.

대사관은 멀었는 걸요.

北京烤鸭店有名着呢。

Běijīng kǎoyādiàn yǒumíngzhe ne.

북경 오리고기식당은 아주 유명한 걸요.

他身体好着呢，不会生病。
Tā shēntǐ hǎozhe ne, bù huì shēngbìng.
그 사람 아주 건강합니다, 아플 리가 없어요.

'有点儿'

부사로서 '약간'의 뜻을 나타낸다. 이 경우의 '약간'은 화자의 불만 족을 나타낸다. '有点儿'의 수식을 받는 동사나 형용사는 대부분 폄 의(貶義)의 형용사이다.

我头有点儿疼。
Wǒ tóu yǒudiǎnr téng.
나는 머리가 좀 아픕니다.

今天有点儿热。
Jīntiān yǒudiǎnr rè.
오늘은 좀 덥습니다.

他有点儿不舒服。
Tā yǒudiǎnr bùshūfu.
그는 약간 몸이 아픕니다.

这件衣服有点儿短。
Zhè jiàn yīfu yǒudiǎnr duǎn.
이 옷은 좀 짧습니다.

'只好'는 '부득이 …할 수밖에 없다'라는 뜻이다.

我的钢笔丢了，只好买一支新的。
Wǒ de gāngbǐ diū le, zhǐhǎo mǎi yī zhī xīn de.
내 만년필을 잃었으니 새 것 한 자루를 살 수밖에 없습니다.

小李的自行车坏了，他只好坐公车上班。
Xiǎo Lǐ de zìxíngchē huài le, tā zhǐhǎo zuò gōngchē shàngbān.
샤오리의 자전거가 고장났으므로, 그는 버스로 출근할 수 밖에 없습니다.

자 습 문 제

다음을 중국어로 말해 보시오.

A 우리 여기에서 점심을 드시지요.

B 저는 식사를 하고 싶지 않은데요.

A 좀 불편하신가요?

B 아닙니다. 괜찮습니다.

A 저기 좀 보십시오, 저곳의 경치가 얼마나 아름답습니까!

B 우리 한 번 가 봅시다.

A 좋습니다.

B 나중에 다시 한 번 오고 싶군요.

A 다음 달에 다시 한 번 오시면 어떨까요?

B 다음 달에는 좀 바빠서 올 수 없을 것 같습니다.

一幅抽象画

　　有一天美术课上，老师要同学们画一幅抽象画。一会儿工夫，一个小男孩交了他的作品。老师看了看，上面什么也没有，只是一张白纸。

"你画的是什么呀？"老师说。

"牛吃草。"孩子答道。

"草呢？"

"牛把它吃光了。"孩子说。

"那么，牛在哪儿啊？"老师又问。

"吃完草，牛就喝水去了。"

하루는 미술 수업 중에 선생님께서 학생들에게 추상화 한 장을 그리게 하였다. 잠시 시간이 지나자, 한 작은 남자아이가 그의 작품을 제출하였다. 선생님이 한 번 훑어보았으나, 종이 위에는 아무 것도 없었고, 다만 한 장의 흰 종이일 뿐이었다.

"네가 그린 건 무엇이니?" 선생님이 말했다.

"소가 풀을 먹은 건데요." 아이가 대답했다.

"풀은 어떻게 된거지?"

"소가 그걸 몽땅 먹어 버렸어요." 아이가 말했다.

"그럼 소는 어디 있니?" 선생님이 다시 물었다.

"풀을 다 뜯어먹고 나서, 소는 바로 물 마시러 갔는데요."

美术	měishù	미술
画	huà	그림, (그림을) 그리다
幅	fú	그림을 세는 단위
抽象画	chōuxiànghuà	추상화
工夫	gōngfu	시간, 틈, 여가
男孩	nánhái	남자 아이
交	jiāo	제출하다
作品	zuòpǐn	작품
上面	shàngmian	위쪽
只	zhǐ	단지
白纸	báizhǐ	백지, 하얀 종이
呀	ya	어기조사
牛	niú	소
草	cǎo	풀
答道	dádào	대답하여 말하다
吃光	chīguāng	다 먹어버리다

[上]

数学课上
shùxué kè shang
수학 수업에서

汉语课上
Hànyǔ kè shang
중국어 수업에서

英文课上
Yīngwén kè shang
영어 수업에서

历史课上
lìshǐ kè shang
역사 수업에서

[个, 张, …]

两个书架
liǎng ge shūjià
두 개의 책장

三张桌子
sān zhāng zhuōzi
세 개의 탁자

四本词典
sì běn cídiǎn
네 권의 사전

一辆汽车
yī liàng qìchē
한 대의 자동차

[了]

他笑了笑，没有说话。
Tā xiào le xiào, méi yǒu shuōhuà.
그는 좀 웃더니 말을 하지 않았다.

他想了想，就出去了。
Tā xiǎngle xiǎng, jiù chūqu le.
그는 몇 번 생각하고 나서 곧 나갔다.

[不过]

这不过是我的意见，不一定对。
Zhè bùguò shì wǒ de yìjiàn, bù yīdìng duì.
이것은 나의 의견에 불과하니 반드시 맞는 것은 아닙니다.

我不过是问问罢了，并不想买。
Wǒ bùguò shì wènwen bà le, bìng bù xiǎng mǎi.
나는 물어 보았을 뿐이지 사고 싶지는 않습니다.

[⋯的是⋯]

你看的是什么呀？
Nǐ kàn de shì shénme ya?
당신이 본 것은 무엇입니까?

你做的是什么呀？
Nǐ zuò de shì shénme ya?
당신이 만든 것은 무엇입니까?

你写的是什么呀？
Nǐ xiě de shì shénme ya?
당신이 쓴 것은 무엇입니까?

你拿的是什么呀？
Nǐ ná de shì shénme ya?
당신이 들고 있는 것은 무엇입니까?

[吃光了]

那些稿纸我早就用光了。
Nàxiē gǎozhǐ wǒ zǎo jiù yòngguāng le.
그 종이들은 내가 벌써 다 써버렸습니다.

那种东西一下子就卖光了。
Nà zhǒng dōngxi yīxiàzi jiù màiguāng le.
그 물건은 단번에 다 팔렸습니다.

[又]

他又回来了。
Tā yòu huílai le.
그가 또 돌아왔습니다.

他又重复了一遍。
Tā yòu chóngfùle yī biàn.
그가 또 한 번 반복하였습니다.

265

那些汉字她又写了一遍。
Nàxiē Hànzì tā yòu xiě le yī biàn.
그 한자들을 그녀는 또 한 번 썼습니다.

我的表又停了。
Wǒ de biǎo yòu tíng le.
나의 시계가 또 멈추었습니다.

'有一天'은 '어느 날'을 뜻한다.

有一天上午，他们来到我这儿。
Yǒuyītiān shàngwǔ, tāmen láidào wǒ zhèr.
어느 날 오전에 그들이 나 있는 곳으로 왔습니다.

'一天'은 '比'와 함께 쓰여 '하루가 다르게'라는 뜻으로 사용된다.

天气一天比一天热起来了。
Tiānqì yītiān bǐ yītiān rè qilai le.
날씨가 하루가 다르게 더워지는군요.

'要'는 '…에게 …하기를 요구하다'라는 의미로 쓰인다.

他要我参加。
Tā yào wǒ cānjiā.
그는 나에게 참가를 요청하였다.

大家要他唱歌。
Dàjiā yào tā chànggē.
사람들이 그에게 노래하기를 청하였다.

'一幅抽象画'

'幅'는 그림을 세는 양사이다. 다음을 통하여 다양한 양사를 익혀두
자.

一个人	yī ge rén	한 사람
一位老师	yī wèi lǎoshī	선생님 한 분
一本书	yī běn shū	책 한 권
一本杂志	yī běn zázhì	잡지 한 권
一张纸	yī zhāng zhǐ	종이 한 장
一间房间	yī jiān fángjiān	방 한 간

一碗饭	yī wǎn fàn	밥 한 그릇
一杯茶	yī bēi chá	차 한 잔
一瓶酒	yī píng jiǔ	술 한 병
一棵树	yī kē shù	나무 한 그루
一把椅子	yī bǎ yǐzi	의자 한 개
一把雨伞	yī bǎ yǔsǎn	우산 한 개
一辆汽车	yī liàng qìchē	자동차 한 대
一条路	yī tiáo lù	도로
一条街	yī tiáo jiē	거리
一只船	yī zhī chuán	배 한 척
一座桥	yī zuò qiáo	다리 하나

'看了看'

동사가 중첩되면 동작의 진행 시간이 짧거나, 동작이 여러번 반복되거나, 그 동작을 가볍게 시도하는 것을 나타낸다. 단음절 동사가 중첩되고 그 사이에 '了'가 들어가면 그 동작이 이미 완료되었음을 나타낸다.

我试了试她的裙子。
Wǒ shìle shì tā de qúnzi.
나는 그녀의 치마를 입어보았다.

他笑了笑, 没有说话。
Tā xiàole xiào, méi yǒu shuōhuà.
그는 살짝 웃고나서 말이 없었다.

'吃光了'

'光'은 동작의 결과로 텅 비게 되었음을 뜻하는 결과보어이다.

喝光了	hēguāng le	다 마셔버렸다
卖光了	màiguāng le	다 팔아버렸다

花光了	huāguāng le	다 써버렸다
忘光了	wàngguāng le	다 잊어버렸다
烧光了	shāoguāng le	다 타버렸다
用光了	yòngguāng le	다 써버렸다
脱光了	tuōguāng le	다 벗어버렸다
跑光了	pǎoguāng le	다 도망가버렸다

'又'

'又'는 동작의 반복을 뜻한다. '再'가 미래 행위의 반복에 사용되는 반면 '又'는 이미 실현된 반복 행위에 사용된다.

又回来了
yòu huílai le
다시 돌아왔다

又回去了
yòu huíqu le
다시 돌아갔다

又讲了一次
yòu jiǎngle yī cì
다시 한 번 말했다

'喝水去了'

동사가 연이어 나오면 목적을 나타내는 경우가 있다.

喝水去了
hē shuǐ qù le
물을 마시러 갔다

吃饭去了
chī fàn qù le
밥을 먹으러 갔다

买东西去了
mǎi dōngxi qù le
물건 사러 갔다

办事去了
bàn shì qù le
일을 처리하러 갔다

자 습 문 제

다음을 중국어로 말해 보시오.

A 지금 듣는 게 무슨 음악이야?

B 고전음악이야.

A 편지는 다 썼니?

B 아니, 아직 다 못 썼는데.

A 숙제는 다 한거야?

B 숙제는 다 했지. 뭘 좀 마시겠니?

A 음, 사이다를 한잔 마시고 싶군.(汽水 qìshuǐ : 사이다)

B 미안해, 사이다는 내가 다 마셔버렸는걸. 콜라 마시겠니?
  (可乐 kělè : 콜라)

A 아니, 차를 마시는 게 낫겠다.

B 알았어, 차를 끓일게, 넌 잠시 음악 좀 듣겠니?

A 좋아.

剩下的由我来办

一位列车员刚要发出信号让火车启动，他忽然看见一位漂亮的姑娘站在开着的车门旁边，跟车里另一位漂亮的姑娘在说话。

"快点，小姐！"他喊着。

"请把车门关上！"

"噢，我还没和妹妹吻别呢。"她回答说。

"请把门关上。"列车员说，"剩下的事由我来办。"

승무원이 막 신호를 보내 열차를 출발시키려는데, 예쁜 아가씨가 열려있는 차창 옆에 서서, 차에 있는 다른 예쁜 아가씨와 이야기하고 있는 것이 갑자기 눈에 띄었다.

"서둘러요, 아가씨!" 그는 소리를 질렀다.

"문을 닫아 주세요!"

"어머나, 저는 아직 동생과 작별의 키스를 안 했는데요." 그녀가 대답했다. "문을 닫아 주셔야 됩니다" 승무원이 말했다. "나머지 일은 제가 해드립니다."

단어

列车员	lièchēyuán	승무원
发出	fāchū	(신호 등을) 보내다
信号	xìnhào	신호
启动	qǐdòng	(기계, 설비 따위의) 시동을 걸다.
站	zhàn	서다
姑娘	gūniang	아가씨
喊	hǎn	소리지르다
关上	guānshang	문을 닫다
吻别	wěnbié	헤어질 때 입맞춤을 하다
剩	shèng	남다
由	yóu	…에 의하여
办	bàn	처리하다

[刚]

他刚从上海回来。
Tā gāng cóng Shànghǎi huílai.
그는 방금 상해에서 돌아왔습니다.

这本书是刚买的吗？
Zhè běn shū shì gāng mǎi de ma?
이 책은 방금 산 것입니까?

刚来时我们谁也不认识汉字。
Gāng lái shí wǒmen shéi yě bù rènshi Hànzì.
막 왔을 때, 우리들은 아무도 한자를 몰랐습니다.

他刚进门，电话铃就响起来了。
Tā gāng jìnmén, diànhuàlíng xiǎng qilai le.
그가 막 문을 들어서자, 전화벨이 울리기 시작하였습니다.

[让]

让我看看，好吗？
Ràng wǒ kànkan, hǎo ma?
나에게 좀 보여주면 어떻겠니?

请原谅，让你久等了。
Qǐng yuánliàng, ràng nǐ jiǔ děng le.
양해하여 주십시오, 당신을 오랫동안 기다리게 했습니다.

大夫让你休息几天。
Dàifu ràng nǐ xiūxi jǐ tin.
의사가 당신더러 며칠 쉬라고 했습니다.

[在]

我们几个人都住在郊区。
Wǒmen jǐ ge rén dōu zhù zài jiāoqū.
우리 몇 사람은 모두 교외에 삽니다.

那些书都放在书架上了。
Nàxiē shū dōu fàng zài shūjià shang le.
그 책들을 모두 책장에 놓았다.

[点]

快点!
Kuài diǎn!
서두르세요!

慢点!
Màn diǎn!
천천히 하십시오!

小心点!
Xiǎoxīn diǎn!
좀 조심히세요!

[把字句]

请你把门关好。
Qǐng nǐ bǎ mén guānhǎo.
문을 잘 닫아 주십시오.

他把桌子擦干净了。
Tā bǎ zhuōzi cā gānjìng le.
그는 탁자를 깨끗하게 닦았습니다.

他把手放在我肩上。
Tā bǎ shǒu fàng zài wǒ jiān shang.
그는 손을 내 어깨에 얹었습니다.

[和]

你和他谈谈吧。
Nǐ hé tā tántan ba.
너는 그 사람하고 얘기를 한 번 해봐라.

性和爱无关吗？
Xìng hé ài wúguān ma?
성과 사랑은 무관합니까?

我每天和他一起上班。
Wǒ měitiān hé tā yīqǐ shàngbān.
나는 매일 그와 함께 출근합니다.

他和她结婚了。
Tā hé tā jiéhūn le.
그는 그녀와 결혼했습니다.

[由]

这件事由你负责。
Zhè jiàn shì yóu nǐ fùzé.
이 일은 당신이 책임을 지십시오.

那件事由他决定。
Nà jiàn shì yóu tā juédìng
그 일은 그 사람이 결정합니다.

我请客，当然由我付钱啦。
Wǒ qǐngkè, dāngrán yóu wǒ fùqián la.
제가 사는 거니까, 당연히 제가 돈을 내야지요.

'刚'은 '방금'을 뜻하는 부사이다.

'刚'이 있는 문장에는 사태 변화의 '了'가 나오지 않는다.

刚下课。
Gāng xià kè.
막 수업을 마쳤습니다.

那本书刚卖完。
Nà běn shū gāng màiwán.
그 책은 방금 다 팔렸습니다.

你刚从学校回来，是吗？
Nǐ gāng cóng xuéxiào huílai, shì ma?
너는 막 학교에서 돌아왔지, 그렇지?

我去找王先生，正巧他刚回来。
Wǒ qù zhǎo Wáng xiānsheng, zhèng qiǎo tā gāng huílai.
내가 왕선생을 찾으러 갔는데 공교롭게도 그가 막 돌아왔다.

'刚'과 유사한 부사로는 '刚才'와 '刚刚'이 있다.

刚才你去哪儿了？
Gāngcái nǐ qù nǎr le?
방금 너 어디 갔었니？

刚才他说什么？
Gāngcái tā shuō shénme?
방금 그가 무어라고 말했습니까？

比赛刚刚开始。
Bǐsài gānggāng kāishǐ.
경기가 막 시작되었습니다.

钟刚刚响了三下。
Zhōng gānggāng xiǎngle sān xià.
종이 막 세 번 울렸습니다.

'让'은 사역을 나타낸다.

让你费心了。
Ràng nǐ fèixīn le.
귀찮게 해드렸습니다.

他让我通知你。
Tā ràng wǒ tōngzhī nǐ.
그 사람이 나더러 당신에게 알려주라고 하였습니다.

她让我们看看她家的花园儿。
Tā ràng wǒmen kànkan tā jiā de huāyuánr.
그녀는 우리들이 그녀 집의 정원을 한번 보라고 하였습니다.

他让我在这儿等你。
Tā ràng wǒ zài zhèr děng nǐ.
그가 나한테 이곳에서 너를 기다리라고 했어.

'让' 이외에 '请, 叫, 使, 劝' 등도 사역을 나타낸다. 이러한 동사의 빈어는 다음에 나오는 동사의 주어가 된다.

请你回答这个问题。
Qǐng nǐ huídá zhè ge wèntí.
당신은 이 문제에 답을 해 주십시오.

阿里叫我告诉你这件事。
Ālǐ jiào wǒ gàosu nǐ zhè jiàn shì.
아리는 내가 당신에게 이 일을 알려주라고 하였습니다.

这件事使他心情很好。
Zhè jiàn shì shǐ tā xīnqíng hěn hǎo.
이 일로 그는 기분이 좋았습니다.

大夫劝我戒烟。
Dàifu quàn wǒ jièyān.
의사는 내가 금연할 것을 권했습니다.

'在 + 장소'는 동사 뒤에 와서 동작의 결과로 그 장소에 멈추게 됨을 나타낸다.

我的书一定是忘在教室里了。
Wǒ de shū yīdìng shì wàngzài jiàoshì li le.
내 책은 분명히 교실에 두고 왔을 거야.

你把汽车停在门口等我!
Nǐ bǎ qìchē tíngzài ménkǒu děng wǒ!
너는 자동차를 입구에 세워놓고 나를 기다려라!

'在', '正', '正在'

'在', '正', '正在'가 동사 앞에 오거나, 문미에 어기조사 '呢'가 오면 동작이 진행되고 있음을 나타낸다. '在', '正', '正在'가 사용된 문장의 문미에도 '呢'가 올 수 있다.

他在听音乐吗?
Tā zài tīng yīnyuè ma?
그는 음악을 듣고 있니?

阿里正作练习呢。
Ālǐ zhèng zuò liànxí ne.
아리는 지금 숙제를 하고 있습니다.

他们正在讨论问题呢。
Tāmen zhèngzài tǎolùn wèntí ne.
그들은 지금 문제를 토론하고 있습니다.

이러한 문장의 부정형은 '没有'를 사용한다.

他在听录音吗?
Tā zài tīng lùyīn ma?
그는 녹음을 듣고 있니?

279

他没有听录音，看电视呢。

Tā méi yǒu tīng lùyīn, kàn diànshì ne.

그는 녹음을 듣지 않고 TV를 보고 있습니다.

진행은 과거 현재 미래 사실에 모두 사용될 수 있다.

我们现在正上课呢。

Wǒmen xiànzài zhèng shàngkè ne.

우리들은 지금 수업을 하고 있습니다.

昨天我去他家的时候，他正吃饭呢。

Zuótiān wǒ qù tā jiā de shíhou, tā zhèng chī fàn ne.

어제 내가 그의 집에 갔을 때, 그는 식사를 하고 있었어요.

今天晚上你去找他，他一定在复习课文。

Jīntiān wǎnshang nǐ qù zhǎo tā, tā yīdìng zài fùxí kèwén.

오늘 저녁 네가 그를 찾으러 가면, 그는 반드시 본문을 복습하고 있을 거야.

把字句

介詞 '把'가 사용된 문장을 특별히 把字句라고 한다. 把字句는 '把+賓語+동사+기타성분'의 형식으로 구성된다. 이러한 어형은 賓語가 동사의 행위에 의하여 어떠한 상태로 이미 처리되었거나, 앞으로 될 것임을 나타낸다.

那本书我每天都看。

Nà běn shū wǒ měitiān dōu kàn.

그 책을 나는 매일 본다.

이 말은 '보다'라는 반복적이고 단순한 행위를 나타내고 있다.

那本书我看完了。

Nà běn shū wǒ kànwán le.

그 책을 나는 다 보았다.

이 말은 '보는' 동작을 완전히 끝냈다는 사실을 객관적으로 서술하고 있다.

> 我把那本书看完了。
> Wǒ bǎ nà běn shū kànwán le.
> 나는 그 책을 다 보았다.

이 말은 보는 동작을 '완료했음'을 '강조'하고 있다. 따라서 이 말은 '(당신은 아직도 그 책을 안 보았나요?) 나는 다 보았는데요'와 같은 어감을 가질 수 있다.

명령문

명령문은 다른 사람이 어떤 행위를 하거나 혹은 하지 않도록 요구하는 문장이다. 이 문장의 끝에는 句号(。)나 勘歎号(!)가 사용된다. 요구 상대인 '你', '你们'은 일반적으로 생략되며, 문두에는 일반적으로 '请'이 온다.

> 请快开门!
> Qǐng kuài kāi mén!
> 빨리 문을 열어주세요!

> 让我进去吧!
> Ràng wǒ jìnqu ba!
> 내가 들어가도록 해주세요!

부정명령인 경우에는 '别, 不要, 甭(béng)'이 사용된다.

> 别客气!
> Bié kèqi!
> 사양하지 마세요!

> 不要客气!
> Bù yào kèqi!
> 사양하지 마세요!

甭客气!

Béng kèqi!

사양하지 마세요!

형용사 뒤에 '点(儿)'이 부가되면 명령문이 될 수 있다.

小心点儿!

Xiǎoxīn diǎnr!

조심하세요!

冷静点儿!

Lěngjìng diǎnr!

냉정하십시오!

安静点儿!

Ānjìng diǎnr!

조용히 하세요!

'和'는 '…와(과)'를 뜻하는 개사이다.

我要和他分手了。

Wǒ yào hé tā fēnshǒu le.

나는 그와 헤어지려고 합니다.

这个东西基本上和那个一样。

Zhè ge dōngxi jīběn shang hé nà ge yīyàng.

이 물건은 기본적으로 저것과 똑같아요.

我昨天和李小姐一起去了商店。

Wǒ zuótiān hé Lǐ xiǎojie yīqǐ qùle shāngdiàn.

나는 어제 리 양과 함께 상점에 갔습니다.

'和'는 '와(과)'와 같은 연사로 사용되기도 한다.

白老师和马老师教我们。
Bái lǎoshī hé Mǎ lǎoshī jiāo wǒmen.
빠이 선생님과 마 선생님이 우리를 가르치신다.

我买了一张车票和两本书。
Wǒ mǎile yī zhāng chēpiào hé liǎng běn shū.
나는 차표 한 장과 책 두 권을 샀다.

'由'는 책임이 누구에게 지워짐을 나타내는 개사이다.

电话费由我付。
Diànhuàfèi yóu wǒ fù.
전화비는 제가 내겠습니다.

讨论由他主持。
Tǎolùn yóu tā zhǔchí.
토론은 그가 진행합니다.

这个房间由他打扫。
Zhè ge fángjiān yóu tā dǎsǎo.
이 방은 그가 청소합니다.

자 습 문 제

다음을 중국어로 말해 보시오.

A 좀 서두르세요. 기차 시간에 늦겠네요.

B 맞아요, 우리 빨리 출발합시다.

A 당신 기차표는 어디 있지요?

B 책상 위에 있어요.

A 책상 위에는 아무 것도 없는데요.

B 미안해요, 내가 잘못 기억했군요. 내 지갑에 있어요.
  (皮包 píbāo : 지갑)

A 우리는 먼저 上海에 갔다가 그 다음에 杭州로 갑니다.

B 杭州(Hángzhōu)에서는 며칠 정도 쉽니까?

A 하루 이틀 쉬면서, 그들과 우리의 사업을 의논하게 됩니다.

B 좋습니다.